新\时\代\中\华\传\统\文\化

▪ 知识丛书 ▪

中华汉字文化

主编◎李燕 罗日明

应急管理出版社
·北京·

图书在版编目（CIP）数据

中华汉字文化 / 李燕，罗日明主编. -- 北京：应急管理出版社，2021（2025.4 重印）
（新时代中华传统文化知识丛书）
ISBN 978-7-5020-8929-0

Ⅰ.①中… Ⅱ.①李… ②罗… Ⅲ.①汉字—文化研究 Ⅳ.①H12

中国版本图书馆 CIP 数据核字（2021）第 199685 号

中华汉字文化（新时代中华传统文化知识丛书）

主　　编 李　燕　罗日明
责任编辑 高红勤
封面设计 郑广明

出版发行 应急管理出版社（北京市朝阳区芍药居 35 号　100029）
电　　话 010-84657898（总编室）　010-84657880（读者服务部）
网　　址 www.cciph.com.cn
印　　刷 天津睿意佳彩印刷有限公司
经　　销 全国新华书店

开　　本 710mm×1000mm 1/16　**印张** 6　**字数** 85 千字
版　　次 2021 年 12 月第 1 版　2025 年 4 月第 2 次印刷
社内编号 20210831　**定价** 29.80 元

序言

汉字，又称中文字、中国字、方块字，是一种古老且高度发达的自源文字，也是世界上被广泛使用的文字。

广义的汉字，指的是从甲骨文、金文、大篆（籀文）、小篆，到隶书、草书、楷书、行书等的文字。而狭义的汉字，指的则是以正楷为标准写法的汉字，也就是我们今天使用的现代汉字。

若探寻汉字的起源，我们可以追溯到公元前1300年的商朝文字。其实，汉字至少有四千多年的历史，我们可以追溯到的商朝文字甲骨文是最早可辨识的成熟汉字。在商朝文字的基础上，汉字逐渐从图形演变成笔画，从象形演变成象征，从复杂演变成简单。而且，除了极个别的汉字外，其余汉字都是一个汉字对应一个音节。

汉字文化源远流长，博大精深，每个汉字都有自己独特的故事。在打开本书前，相信大家或多或少地都想过这样一个问题——古人到底是怎么生活的？关于这个问题，我们可以在传承了数千年的汉字系统中找到答案。

从衣、食、住、行，到诗、词、歌、赋，汉字覆盖了古人的社会生活，我们能从汉字中一窥先民的日常生活。

东汉学者许慎在编撰《说文解字》一书时，在该书的“序”中便给出了先民创造汉字的原则——近取诸身，远取诸物。

由于先民最早创造的汉字都是像图画一样的象形文字，为了让这些象形文字能够简单明快地被他人识别其所代表的意义，因此取材大多来源于

人体自身或者身边熟悉的事物，以便很容易产生共鸣。

所谓“近取诸身”，指的就是从人类自身的器官或行动中寻找创造汉字的灵感。比如“休”字，人在树木下，表达的是“休息”的意思。所谓“远取诸物”，指的是从人类身边熟悉的事物中寻找创造汉字的灵感。比如“明”字，日月都在，表达的是“光明”的意思。

本书从汉字的起源开始，带领读者领略汉字那穿越千年的美。在了解汉字的起源后，我们将会了解有趣的战国文字、威严肃穆的小篆、端正平和的隶书、潇洒俊逸的草书、棱角分明的楷书，以及行云流水的行书。

在了解汉字的书法之美后，我们便可一同探寻正俗字、古今字、异体字和繁简字的奥妙，并从象形字、指事字、会意字和形声字中，品味汉字文化的博大精深。最后，我们将从衣、食、住、行四个方面，探寻汉字中古人的日常生活，了解“字里乾坤”的意义。

目录

第一章 源远流长：汉字的起源

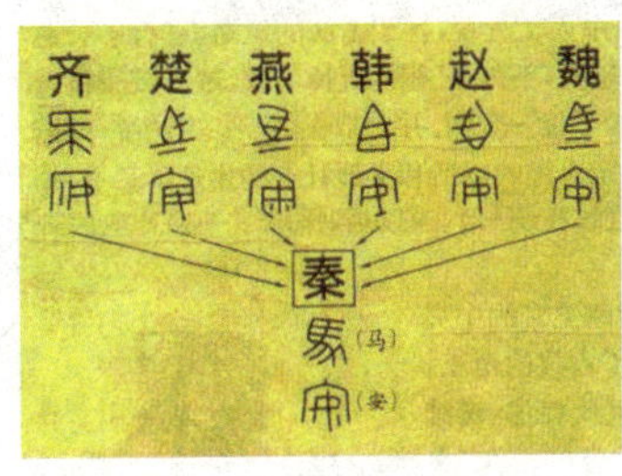

第二章 古朴洵美：汉字的定型

第三章 妙趣横生：汉字的进化

第四章　博大精深：汉字的造字方法

第五章　字里乾坤：有故事的汉字

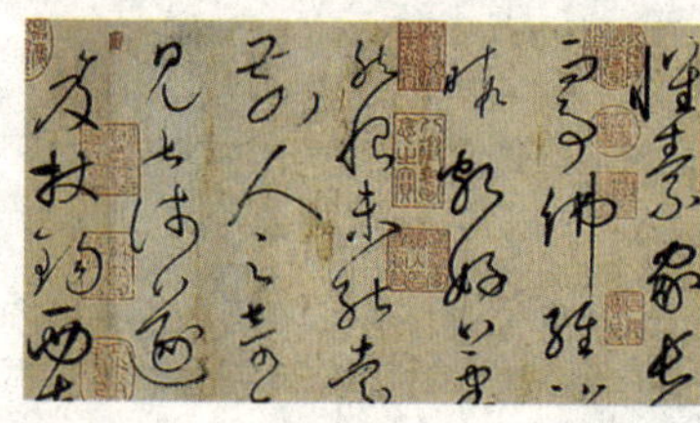

第一章

源远流长：汉字的起源

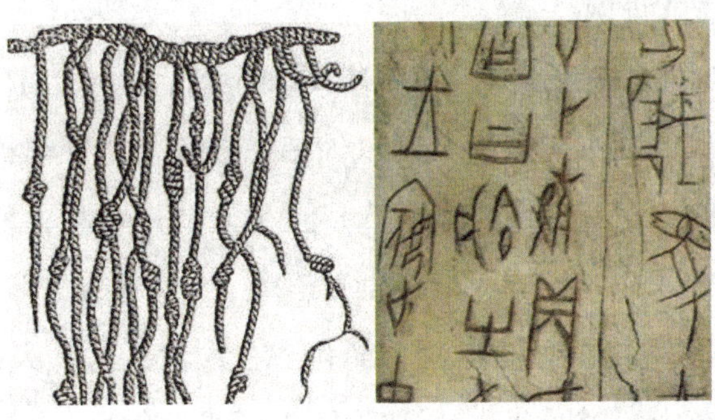

一、仓颉的传说及其他

仓颉造字是中国古代神话传说之一。仓颉，相传为轩辕黄帝的史官。他见鸟兽的足迹受启发，分类别异，加以搜集、整理和使用，从而创造了汉字，被后世尊为“造字圣人”。

汉字文化可谓源远流长，在中华浩瀚的文化史中，它犹如银河中璀璨的明星、花园里绚丽的鲜花。而提起汉字的起源，相信不少人都会想到仓颉造字的传说。

根据《万姓统谱·卷五十二》中的记载，“上古仓颉，南乐吴村人，生而齐圣，有四目，观鸟迹虫文始制文字以代结绳之政，乃轩辕黄帝之史官也”。这段话的意思是说，仓颉是南乐吴村人，且生来便是重瞳，他观察鸟兽蹄爪的痕迹，并从中发明了文字，取代了结绳记事，是黄帝的史官。

重瞳其实是指一人眼睛里有两个瞳孔，在古代，这种人被看作是圣人。在相关的历史记载中，虞舜、仓颉、项羽、重耳、关羽、李煜等人都是重瞳者，这也为“重瞳者必与众不同”的说法增添了一丝神秘感。其实，重瞳是由于瞳孔发生了粘连畸变。

从仓颉造字的古老传说到甲骨文的发现，中国历代学者始终致力于揭开汉字的起源之谜。时至今日，除却仓颉造字外，关于汉字的起源还有结绳说、八卦说、河图洛书说和图画说四种。

1. 结绳说

《北史·魏本纪》中记载，“（先人）射猎为业，淳朴为俗，简易为化；不为文字，刻木结绳而已”。《周易·系辞下》中，有“上古结绳而治，后世圣人易之以书契，百官以治，万民以察”的记载。《万姓统谱·卷五十二》中也提到仓颉“以代结绳之政”。

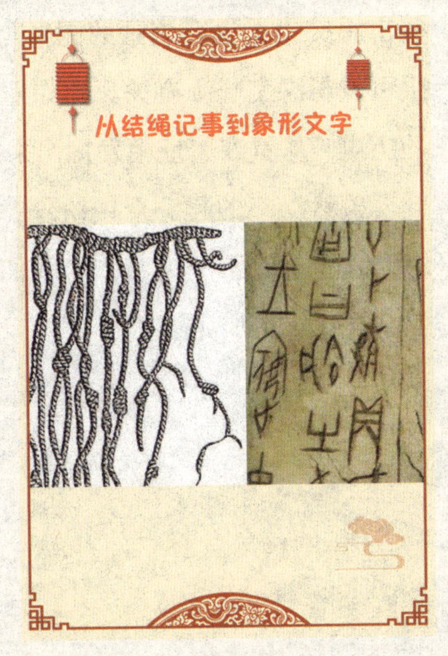
从结绳记事到象形文字

也就是说，在文字出现之前，原始社会的先民都是靠结绳记事的方法记录灾祸、战争、疾病、狩猎、会盟、庆典、选举、婚姻、生育等大小事件。

所以，中国有一部分学者认为，文字确实是起源于结绳的。

2. 八卦说

《尚书》中，有“古者伏牺氏之王天下也，始画八卦，造书契，以代结绳之政，由是文籍生焉”的记载。这段话指出汉字起源于八卦的绘制，因为《尚书》成书较早，所以一部分学者相信，汉字的起源与八卦有关。

3. 河图洛书说

“河图”“洛书”是华夏文化的源头，也是阴阳五行术数的源头。《周易·系辞上》中记载，“河出图，洛出书，圣人则之”。这里的圣人指的是人类文化始祖伏羲氏和夏朝开国君主大禹。

相传，伏羲氏时，背负着“河图”的龙马从黄河中出现；大禹时，背负着“洛书”的神龟从洛河中出现。伏羲氏根据“河图”画成八卦，大禹依“洛书”成功治理水患。后来，周文王又根据伏羲推演的八卦，研究出“文王八卦”与“六十四卦”。

4. 图画说

如今，越来越多的学者认定，原始图画才是汉字的真正起源。而且，一些出土文物上也有刻画的图形与痕迹。大部分考古学家认为，这些原始图画很可能与汉字起源有关。比如河南舞阳的贾湖遗址，经考证距今有8000多年的历史，从贾湖遗址中发掘出来的文物，上面就有零星分布的符号与图画。

虽然汉字的起源众说纷纭，但有一点可以确定，那就是汉字的源头相当古老。希望在不远的将来，我们能发现关于汉字起源的更多资料，也让中华汉字文化史更加完整。

二、汉字是自源文字

自源文字包括中国的汉字、中美洲的玛雅文字、古埃及的圣书字、居住在亚洲西部古美索不达米亚的苏美尔人的楔形文字。值得一提的是，中国彝族的彝文也是一种自源文字。

从文字学角度看，文字源流属于发生学范畴，具体可分为自源文字与借源文字两类。自源文字，顾名思义就是不依靠其他文字而独立创造出的文字。汉字是自源文字，而从汉字衍生出的日文则属于借源文字。

汉字从产生开始，就一直处于独立发展状态。它的形状与体系都是独创的，且历史相当悠久。世界范围内，可与汉字相媲美的自源文字只有中美洲的玛雅文字以及亚洲西部的苏美尔楔形文字等。并且，只有汉字福寿绵长，时至今日，仍然流行于这个世界。

汉字是世界上使用人数最多的文字，也是历史最为悠久的文字之一。如今，汉字的历史已有三千余年。虽然汉字的起源仍然难以断定，但这并不影响我们从古老的文字中，感受汉字那古朴淳厚的魅力。

1. 甲骨文

甲骨文，又称“契文”“殷墟文字”“甲骨卜辞”或“龟甲兽骨文”，被广泛认为是我们能发现的最古老的汉字，也是目前我们能见到的最早的成熟汉字。

甲骨文是我国研究文字源流的最早且系统的资料。从书法角度看，甲骨文已经具备了用笔、结字、章法这三个基本要素；从用笔线条看，甲骨文严整瘦劲，笔画多方折，且兼备曲直粗细；从字体结构看，甲骨文虽大小不一，但结构均衡对称，且显示出稳定的格局；从章法看，甲骨文虽然受骨片形状和大小的影响，但仍然表现出独特的书法艺术特色与镌刻技法。

甲骨文的记述内容主要为占卜、卜辞和记事三种。用于占卜的甲骨的尺寸会根据占卜对象的身份而有所差异。为王占卜的龟甲，必须是从各地进贡的大龟，而普通贵族则只能用都城附近出产的小龟。所以，龟甲的尺寸大小，其实反映了占卜对象的身份、地位与权力。

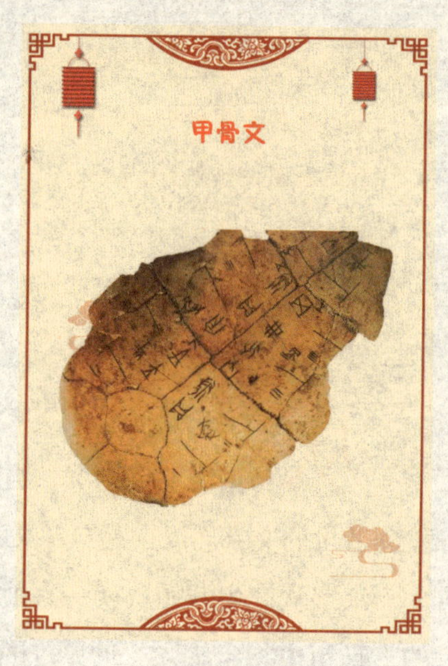
甲骨文

甲骨文最早发掘于河南省安阳市的小屯村。由于当时迷信思想较为严重，不少刻着甲骨文的龟甲兽骨都被村民当成包治百病的“龙骨”。村民将这些“龙骨”磨成粉末混入药材中喝下，浪费了许多极有研究价值的文物。后来，晚清官员王懿荣发现了甲骨上的文字，这些甲骨文的价值才日渐凸显。

百余年来，中国考古学家已经发现超过154600块刻着甲骨文的龟甲兽骨，这些甲骨文也成为研究汉字及先民文化的重要资料。

2. 金文

甲骨文随着殷商的灭亡而逐渐消逝，取而代之的，是一种叫作“金文”的汉字。中国早在夏朝就已经进入青铜时代，商周时期，铜与铜器的冶炼制造技术十分发达。由于古人将“铜”称作“金”，所以，在铜器上雕铸镌刻的文字就被称作“金文”或“吉金文字”。金文是中国古代一种书体的名称，因其是雕铸镌刻在青铜器上的文字，所以又被称作“钟鼎文”。

其实早在商朝出土的铜器上便有类似图画的金文。随着这种文字的不断推演，到了东周时期，金文达到了鼎盛时期，并且一直沿用到秦汉。

根据不同的朝代，金文又可分为商朝金文、西周金文、东周金文和秦汉金文。金文的内容大多是关于祭祀、诏书、征战、围猎、盟约、赐命等活动和事件。与甲骨文相比，金文的字体更加整齐厚重，变化也更加丰富多样。

根据《金文编》的相关记载，金文文字目前共有 3722 个，其中可识别的文字有 2420 个。周宣王时期铸成的毛公鼎上的铭文字体结构严整，瘦劲流畅，布局得当，是金文作品中的佼佼者。此外，散氏盘铭文、大盂鼎铭文也是金文作品中的上乘之作。

三、有趣的战国文字

战国文字，即战国时期不同地区使用的汉字的统称。战国时期，大的诸侯国有齐国、楚国、燕国、韩国、赵国、魏国、秦国七个，他们所使用的古文字，成为“上承春秋金文，下启秦汉篆隶”的重要文字。

继殷商的甲骨文与商周春秋的金文之后，汉字的发展来到了战国时期。战国时期，各个诸侯国各自为政、互不统属，所以，这一时期的文字在形体结构与书写风格上也是各有不同。

随着经济与文化的不断发展，汉字在这一时期逐渐普及起来。除了青铜器上的金文外，陶文、石器文、简牍文、缯帛文、货币文、玺印文等大量出现。

战国时期的陶文，是一种刻画在陶器上的汉字；石器文则是一种镌刻在石头上的文字，现存的石器文字有石鼓文、诅楚文、盟书等；简牍文指的是古人刻或写在竹片或木片上的文字，著名的简牍文有楚简、秦简等；缯帛文指的是古人写在丝织品上的文字，又被称作“帛书”“缯书”，著名的缯帛书有长沙楚帛书；货币文是古人在货币上铸写的汉字，那个时期的货币主要有刀币、蚁鼻钱等；玺印文字指的是古人刻在官印、私印上的文字。

从宏观角度看，战国文字可以分为“六国文字”和“秦国文字”两个大类。其中，六国文字指的是除秦国外的六大诸侯国，以及越国、滕国、中山国等小国使用的文字。而秦国文字即我们所说的“大篆”，是一种更加整齐严谨的文字。

1. 六国文字

根据地域差异，六国文字又可分为三晋文字与其他文字。三晋文字指的是韩国、赵国与魏国的文字。战国时期韩、魏、赵三家分晋，所以这三个国家使用的都是晋国文字体系。根据王国维的《战国时秦用籀文六国用古文说》，我们可以将六国文字分成如下四种。

（1）齐系文字

齐系文字是一种颇具特色的文字体系，其主要特征是笔画醒目，异体字繁多，且书写较为随意。齐系文字的使用者包括齐国、鲁国、滕国、纪国、莒国、薛国、倪国、祝国等。

（2）燕系文字

燕系文字比较稳定，具有浓厚的北方风格，主要使用国家为地处北方的燕国。

（3）晋系文字

晋系文字特点是笔画细瘦有劲，结构修长优美。韩、赵、魏三家分晋后，晋系文字便由韩国、赵国、魏国、中山国、卫国、郑国等国使用。

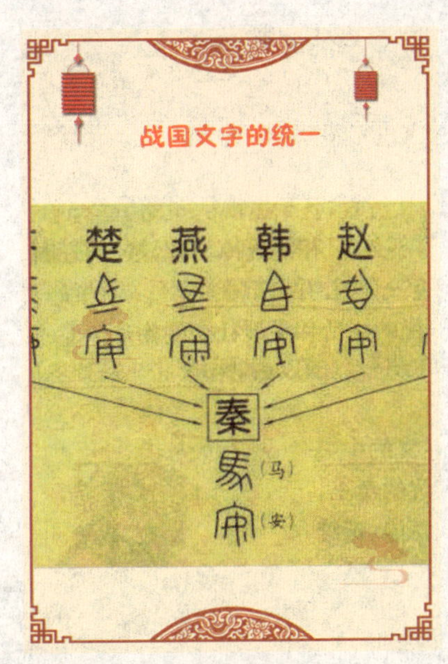

（4）楚系文字

楚系文字是一种特殊且颀长的字体，使用国家主要是楚国、越国、吴国、宋国及汉水、淮水一带的诸侯国家。

2. 秦国文字

秦国文字继承了西周文字的遗风，其字体结构比较稳定。秦始皇灭六国统一中原后，将中原文字统一为秦篆，秦篆是由大篆发展而来的产物。

其实，大篆早在西周末年便普遍使用了。大篆，也称籀（zhòu）文。因其著录于字书《史籀篇》而得名。《汉书·艺文志》上说："《史籀》十五篇，周宣王太史籀作大篆。"大篆笔画强劲凝重，字体结体为方形，书写风格典丽峻奇，时至今日仍颇受书法名家的喜爱。

战国时期的文字有鲜明的地域色彩，且各个诸侯国都在文字方面大胆革新，战国时期的文字呈现出繁荣发展的趋势。

四、小篆开启的同文同种

在今天的中国，无论是说东北话的人，还是说广东话的人，或者说浙江话的人，大家接受的都是同样的文化教育，都会说普通话，如果让各地的人用各自的方言对话，相信是无法交流的。在我们这个地域广阔、方言众多的国家里，保证语言文字统一是非常必要的。而这一切都要感谢一个人，那就是秦始皇。

“廿六年，皇帝尽并兼天下诸侯，黔首大安，立号为皇帝。”公元前221年，秦王嬴政相继吞并各路诸侯，建立了中国历史上第一个封建王朝。统一六国后，嬴政兼取“三皇五帝”的尊号，自称“始皇帝”，成为我们熟知的秦始皇。

一个专制王朝的兴盛，自然离不开文臣武将的辅佐。李斯作为秦始皇最重要的谋士，在其统一六国的过程中立下了汗马功劳。司马迁在《史记》中以“因时推秦，遂得意于海内，斯为首谋”来称赞李斯的功劳。

李斯与韩非都是荀子的学生，当他有机会与秦王相见时，便劝说秦王“灭诸侯、成帝业”。一统六国后，李斯又向秦始皇提出一系列的治国之策。经过一番思虑，秦始皇决定采纳并推行李斯的“书同文，车同轨，统一度量衡”的政策，并全权交由李斯负责。为了完成这一政策，李斯决定在秦朝原有文字大篆（籀文）的基础上进行文字简化，小篆便由此而生。

为什么要统一文字呢？答案就是方便统治。李斯设想，原来天下之所以分崩离析，原因就是彼此文化断绝，齐国人听不懂楚国人说的话，燕国人和秦国人没有办法沟通，导致的结果就是一道政令发布下去，很可能被人有意无意地篡改，中央政府的命令没有办法有效传达。

那么怎么办呢？那时候没有让人人都能学习的普通话，于是李斯想到用统一文字来解决这个问题。无论是齐国还是楚国，统一了文字，白纸黑字地写下政令后，内容便不会被轻易篡改，那么读书的人便都知道朝廷政令的真正内容了。

李斯又用强制命令，将原来各诸侯国文字全部废除，无论是政府公文还是民间信件，都必须采用秦小篆。

此后，李斯作《仓颉篇》，赵高作《爰历篇》，胡毋敬作《博学篇》。这三篇文字都采用了小篆书体并颁布天下，也确实做到了全天下读书人都能看懂的效果。

自小篆成为秦朝官方统一的文字后，这种文字便在民间流行开来。小篆自秦朝始，一直流行到西汉末年，才逐渐被隶书所取代。但此时，隶书所取代的只是小篆作为官方文字的地位，中国再也没有形成文化割裂的局面了。此后无论是出现汉隶还是唐楷，中国文字的统一性再也没有改变。

因为文字的统一，岭南张九龄的一句“海上生明月，天涯共此时”能够打动陕西长安的唐玄宗。中华民族的大一统思想随着文字已经深埋在每个人的心中，即便有各种原因导致版图暂时变化的情况出现，但长久以来，同文同种的中国人始终是一个整体，精神上始终统一，这就是文字的力量。

第二章

古朴洵美：汉字的定型

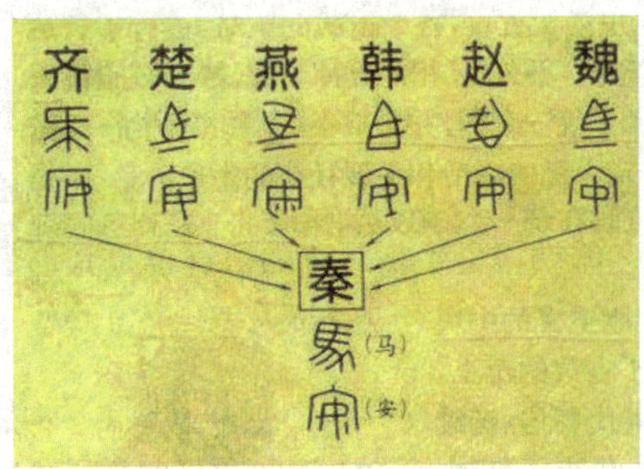

一、严肃规整的小篆

印章是中国人特有的文化符号。精心雕琢的一方小印，代表的是主人的身份，也代表着中国文化的传承，而印章文字用得最多的，恐怕非小篆莫属了。

小篆字体优美，威严肃穆，一直为古今书法家所青睐。小篆又因方正古朴的结构，被印章篆刻家所推崇。古时候，那些需要防伪的官方印章一直是采用小篆字体的，到了现代，虽然防伪技术已经相当发达，但小篆仍然是印章字体的首选。

汉字发展到小篆阶段，意味着它的象形逐渐削弱，也意味着汉字的笔画、轮廓、结构等逐渐定型。小篆的字体形状为长方形，其笔画横平竖直，粗细程度基本相同。小篆字体结构是平衡对称的，这也是其书法风格的独特魅力所在。

总而言之，小篆“（笔画）以圆为主，圆起圆收，方中寓圆，圆中有方，使转圆活”，是一种颇为有趣的古朴字体。秦朝时期的小篆风格，我们可以从现存的《泰山刻石》《琅琊台刻石》等真迹拓片中一窥究竟。

李斯不仅是小篆字体之祖，也是小篆书法之祖。古往今来，书法名家都将李斯的小篆书法奉为圭臬。

唐代书法家李嗣真在其所著的《书后品》中，有“斯小篆之精，古今妙绝，秦望诸山及皇帝玉玺，犹夫千钧强弩，万石洪钟。岂徒学者之宗匠，亦是传国之遗宝”的记载。

唐代书法理论家窦息在其《述书赋》中，也认为“斯之法也，驰妙思而变古，立后学之宗祖”。

唐代著名书法家孙过庭在《书谱》中亦有这样的记载：“篆尚婉而通。”这句话的意思是说小篆细腻娟秀，柔婉通达。其中，“婉”和“通”当属小篆书法用笔的金玉之言。

清代康有为在《广艺舟双楫·缀法第二十一》中对比了篆书和隶书的运笔方法，认为篆书有“中含”“浑劲”“婉而通”“萧散超逸”“筋劲”等特点，与隶书之“外拓”“雄强”“精而密”“凝整沉着”等特点相对照，虽然未必全部精确，却也能够概括其规律。

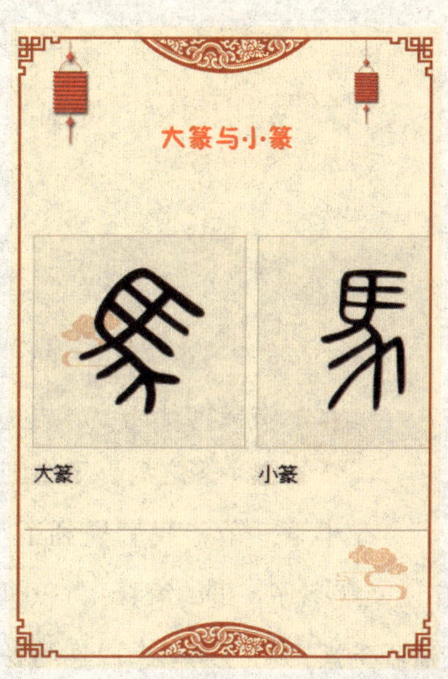

如今，我国考古学家已经发掘出不少关于秦篆的文物，流传下来的秦篆史料也保存得较为完好。这些宝贵资料也成为后世研究汉字文化的重要材料。

二、端正平和的隶书

隶书被称为“秦书八体”之一，是汉字中常见的字体风格之一。隶书始创于秦朝，在汉朝达到顶峰。隶书上承篆书，下启魏晋南北朝之行、楷，在书法界有“汉隶唐楷”之称。

秦始皇创建第一个封建王朝后，小篆变成了全国通用的官方文字。继小篆之后，隶书则成为汉字风格中承上启下的重要一笔。

在小篆一节，我们提到了小篆的创立者李斯，根据东汉文学家许慎在《说文解字序》里的解释：“……秦烧经书，涤除旧典，大发隶卒、兴役戍，官狱职务繁，初为隶书，以趣约易，而古文由此绝矣。”我们可以看出，隶书是在篆书基础上，为适应书写便捷的需要而产生的字体。《说文解字序》中对隶书的解读，也被大多数学者认定是隶书的真正起源。

隶书又称“古书”“隶字”，相传是秦朝内史程邈在小篆的基础上，为了书写更加便捷而创造出来的字体。很多人分不清小篆与隶书的区别，也有人认为，小篆和隶书其实属于一个字体系统。事实上，小篆与隶书是两种完全不同的汉字风格，而且它们标志着汉字发展的两大阶段。我们可以这样理解这两种字体：就像吴伯陶先生说的，小篆是象形文字的结束，隶书是笔画化的新文字的开端。

我们今天看到的隶书大多属于汉隶，因为隶书在汉朝达到了顶峰。

观赏过隶书的人都知道，隶书的书写效果呈宽扁，在书写时，隶书讲究

“蚕头雁尾”“一波三折”。相对于小篆而言，隶书的书写也有所不同。

小篆的字形线条更加圆润，而隶书则更加方正；小篆需要“连笔”，而隶书多为“断笔”；小篆形似线条画字，而隶书更加横平竖直。

当时，可供人们书写的工具大多是木片、竹片，用漆在竹简上写字很难画出圆润的笔画。所以，简便性更强的隶书出现后，小篆逐渐被淘汰出日常书写，这也为后世草书、楷书、行书等字体的发展奠定了基础。

虽然隶书在汉朝达到了顶峰，但各个朝代都有风格迥异的隶书书法，如方劲古朴的秦隶、秀丽飘逸的汉隶、宽博厚重的魏隶、雄放态肆的草隶、古拙雄浑的八分书等。

自秦汉以来，隶书出现了大量优秀作品，如唐代的“隶书四家”韩择木、蔡有邻、李潮、史惟则便有不少作品传世。此外，唐玄宗的《石台孝经》、梁升卿的《唐御史台精舍碑》、徐浩的《嵩阳观记》等，都是著名的唐代隶书作品。

三、潇洒俊逸的草书

草书，又分“章草”“今草”“狂草”三种，是汉字的一种字体风格。草书在书写过程中讲究虚实相生、交错变化、气势贯通。晋代著名书法家王羲之在撰写《初月帖》《得示帖》时，所用的字体即为草书。

《说文解字》中，有“汉兴有草书”的说法。所以，绝大部分专家和学者都认定，草书是起源于汉初的。初次观赏草书的人，一定会被草书狷狂不羁的笔势所震惊。不过，这丝毫不影响人们对草书的追捧和喜爱。

相传，北宋宰相张商英非常喜爱草书。虽然他经常练习，但仍然很不精通。一日，张商英忽然得一佳句，就赶忙用笔墨书写下来。书写完毕后，他便让侄子把佳句抄录下来。

侄子抄到一半，实在看不出张商英写的到底是什么字，于是便去问他。谁知，张商英自己辨认了很久，也没认出来自己写的是什么字。于是，张商英便责骂侄子道：“你怎么不早点儿问我呢？我自己都忘了写的是什么了！”

从这则故事中，我们不难发现草书的笔势之不羁。纵观草书的特点，我们可以用“存字之梗概，损隶之规矩，纵任奔逸，赴速急就”来形容。从草书的发展来看，可分为章草、今草、狂草三个阶段。

1. 章草

章草起源于西汉时期，却在东汉开始兴盛。章草是由隶书演变而来的，使之省易简便，是隶书草化或兼隶、草于一体的书体，故其行笔仍然多沿用隶书。相比规矩严谨的隶书，章草显得更加自由随性。在笔画上，章草虽字字独立，但却在勾连处呈现出波形。

2. 今草

章草在原有的基础上进一步“草化”，它开始脱去隶书笔画的痕迹，将上字与下字之间的笔势牵连起来，这种草书便是“今草”。

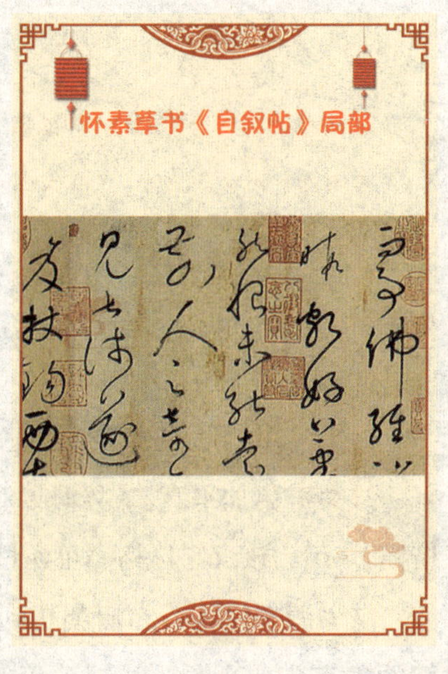
怀素草书《自叙帖》局部

今草为东汉张芝所创，世称张芝为“草圣”。张芝的草书，“字之体势，一笔所成，偶有不连，而血脉不断，及其连者，气脉通于隔行”，开书法之一代新天地。后又为东晋王羲之、王献之父子发扬完善。

与章草相比，今草的观赏性更强，字体也更加纵任奔逸。章草笔法用“一”形，今草的笔法则采用“S”形，笔法的不同是章草与今草的根本区别。

3. 狂草

今草在魏晋时期盛行不衰，到了唐朝，今草的笔法变得更加放纵狷狂，笔势也变得更为连绵回绕，这种草书被称作“狂草”，又被称作“大草”。与章草和今草不同，狂草已经完全脱离了实用功能，变成一种专门供人欣赏的艺术创作。

唐代书法家张旭、怀素，因狂草笔势狂放不羁而被合称为“颠张狂素”，张旭的《肚痛帖》与怀素的《自叙帖》，都是现存的狂草书法珍品。

时至今日，草书的艺术价值已经远远超过了它的实用价值。它也因独特的笔势风格，而深受古今书法家的喜爱。

四、棱角分明的楷书

楷书，又称“真书”“正书”“正楷”，是汉字常见的一种字体。楷书是从隶书演化而来的汉字，“楷体四大家”是欧阳询、颜真卿、柳公权和赵孟頫。

楷书是从隶书演变而来的，字体更加简化，形体更加方正，笔画也更加平直。《辞海》对楷书的解释是“形体方正，笔画平直，可作楷模”。因为该汉字风格“可作楷模”，所以被人们称作“楷书”。

楷书源于汉末，在唐朝达到顶峰。追溯楷书的源头，我们可以从三国时期的汉字变化来看。当时，汉字的波、磔慢慢演变为撇、捺，并出现了侧（点）、掠（长撇）、啄（短撇）、提等笔画。从《武威汉代医简》以及汉代烽燧遗址中发掘出的《居延汉简》中，我们都可以寻找到楷书的原始痕迹。

南北朝时期的书法家王僧虔，在《论书·韦诞传》中提到“诞字仲将，京兆人，善楷书”；唐代书法家、书学理论家张怀瓘，在其所著的《书断》一书中提到，六朝人都习惯用楷书做日常字体。这说明，楷书至少从魏晋南北朝时期就已经开始流行了。

按照时间划分，楷书可分为“魏碑”与“唐楷”两种。

1. 魏碑

魏碑是一种带有汉朝隶书风格的楷书，因为这种不成熟性，所以魏碑有一种颇为独特的美。康有为曾以“魏碑十美”来评价魏碑，魏碑的代表人物有索靖、崔悦、沈馥等。

2. 唐楷

前面提到，楷书在唐朝发展达到了顶峰。唐代楷书注重书写法度，结构严谨，书体成熟，书家辈出。唐初的虞世南、欧阳询、褚遂良，中唐的颜真卿、柳公权，其楷书作品均为后世所重，奉为习字的模范。

按照字体划分，楷书可分为“大楷”与“小楷”两种。

1. 大楷

通常情况下，人们把一寸以上、数寸以下见方的楷体字称作“大楷”。由于大楷形体较大，点画、结构、布白等都更能清晰地展示在纸张上。所以，人们入门时要先学大楷，再学小楷，这样才能做到点画精准，结构得当。

2. 小楷

小楷，顾名思义，就是小号的楷书。人们将 1~3 厘米的楷书称作“小楷”，小楷的创始人是三国时期的魏人钟繇。钟繇原本是出名的隶书大师，所作的楷书脱胎于汉隶，如飞鸿戏海，十分生动。钟繇的小楷被称作“正书之祖”，成为后世模仿的对象。

与草书不同，楷书兼具实用性与观赏性。时至今日，这种汉字风格仍然长盛不衰，是书法爱好者的“心头好”。

五、行云流水的行书

行书是一种统称，主要可分为“行楷”和“行草”两种。行书是在楷书的基础上发展起来的，也是介于楷书与草书之间的一种字体。这种字体的出现，主要是为了弥补楷书书写速度较慢及草书难以辨认的缺陷。

行书约起源于西汉末年，其名称最早出现在西晋时期卫恒的《四体书势》一文，“魏初，有钟（繇）、胡（昭）二家为行书法，俱学之于刘德升”。唐代书法家张怀瓘也在《书断》中为行书做了定义：“案行书者，刘德升所作也？即正书之小伪。务从简易，相间流行，故谓之行书。”

行书形如其文，看上去十分潇洒飘逸，却又不难辨认。行书的黄金发展期是魏晋和唐朝，顶峰时期是宋朝。由于宋人自上而下皆风雅，其文化氛围也十分宽松，所以行书在宋朝获得了长足发展，也一直在各种汉字风格中占据主流地位。

南朝书法家羊欣在其《采古来能书人名》中，曾言“钟有三体：一曰铭石之书，最妙者也；二曰章程书，传秘书、教小学者也；三曰行狎书，相闻者也”。从这段叙述中，我们可以看出早期行书又叫“行狎书”，是由签字、画押、传递信息时随手而写的字体发展而来的。

如果我们用心钻研各种汉字风格就会发现，无论篆书、隶书还是楷书，它们虽然都保存至今，但却因为各种原因而有各自的盛衰期。只有行书，它并没有所谓的衰弱期，也没有被其他字体取代过，这种长盛不衰也让行书的书法艺术获得了蓬勃发展。

行书的字体结构颇具特点，其中最独特的就是每个字体的大小都各不相同，而且字与字或者相连，或者断连，但却比较容易辨认。而且，行书在书写过程中讲究浓淡相宜、疏密适宜。行书风格较为轻松活泼，但又比草书正规好懂。

可以说，行书是一种介于楷、草间，既可偏楷，也可偏行的汉字风格。行书是楷书的快写，也是楷书的流动写法。在书写过程中，笔毫的使转是非常重要的。

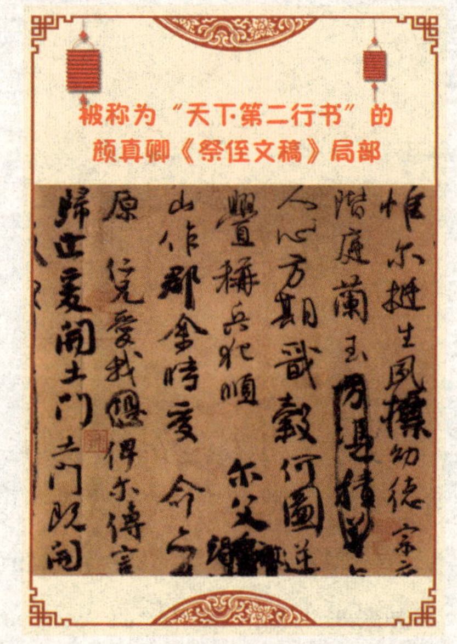
被称为“天下第二行书”的颜真卿《祭侄文稿》局部

行书在结字时一定要做到有动态感，我们可以采用“加大横、竖画的倾斜度”“把方形的字倾斜成斜边形”“采用欹正相依手法”这三种方式，来加强字的动势。在落笔时，一定要注意沉得下，切忌尖薄虚浮；在收笔时，尤其是写长撇，一定要尖锐饱满，不可有虚尖飘忽之状。

在浩如烟海的中华汉字文化宝库中，行书作品无疑是绚烂多姿的。东晋书法家王羲之的《兰亭序》，其行书“龙跳天门，虎卧凤阙”，被誉为“天下第一行书”；中唐书法家颜真卿的《祭侄文稿》，其笔势劲挺奔放、雄伟挺秀，被誉为“天下第二行书”；北宋词人苏轼的《寒食帖》，被誉为“天下第三行书”。

除却这些名作外，东晋书法家王珣创作的《伯远帖》、唐末书法家杨凝式创作的《韭花帖》等，都是让人赞不绝口的佳作代表。

六、贯穿古今的“永字八法”

“永字八法”，顾名思义就是书写“永”字时需要使用的八种正楷笔势方法，这也是中国书法的用笔法则。相传，东晋时期的大书法家王羲之，用了几年时间专门练习“永”字的书写。王羲之认为，“永”字具备楷书的八种笔法，只要能写好“永”字，那所有的字就都能写好了。

中国汉字文化源远流长，影响了一代又一代的中国人。而汉字的造型虽然形态纷繁，但万变不离其宗，方块字的笔画和结构的诀窍，都可体现在这个“永”字上。如今，“永字八法”已流传千年，也成为历代习书者奉为圭臬的学习宝典。

所谓“永字八法”，代表了中国汉字书法笔画大体的法则。根据诸宗元所著的《中国书学浅说》一书，我们可以较为清晰地看到这八种笔画的要求：

（1）点为侧（如鸟之翻然侧下）；

（2）横为勒（如勒马之用缰）；

（3）竖为弩（用力也）；

（4）钩为趯（跳貌，与跃同）；

（5）提为策（如策马之用鞭）；

（6）撇为掠（如用篦之掠发）；

（7）短撇为啄（如鸟之啄物）；

（8）捺为磔（裂牲为磔，笔锋开张也）。

下面，我们就来详细解读永字八法的用笔法则。

1. 点为侧

这里的“侧”，指的是倾斜不正。也就是说，在书写点时，要把毛笔的笔锋侧过来，让点像巨石侧立一般雄壮有劲，切不能让点正立或平躺，如此会失去雄壮之气。

2. 横为勒

横画需要像骑手勒紧马缰的样子。我们可以想象这样的画面：骑手若想勒紧马缰，太紧或太松都不可，非得有“逆入平出，有往必收”的气势，才能让马儿如愿停下。

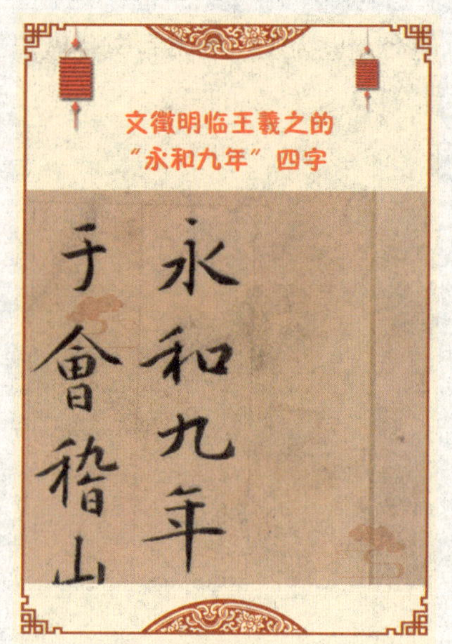
文徵明临王羲之的“永和九年”四字

3. 竖为弩

“弩”是“弓弩”的意思。竖为弩，就是要让竖画内直外曲，就像弓弩直立时的样子。书写竖画时不宜过直，否则就会像枯木一般失去韵味。

4. 钩为趯

“趯”是“跳跃”的意思。这句话是让书写者写钩画时“先蓄力，后猛起”。

5. 提为策

“策”的本意是“马鞭”。这里的“提为策”，指的是书写提画时，动作要像马鞭扬起的样子，“用力在发笔，得力在收锋”。

6. 撇为掠

“掠”为梳子梳过头发的样子。“撇为掠”指的是书写撇画时，要潇洒利索，不能虚浮无力，也不可用力过猛。

7. 短撇为啄

短撇要像鸟儿啄食一般，行笔快速，下笔利索，轻捷健劲。

8. 捺为磔

这里有两层意思，第一层是要求捺画书写得舒展开放，第二层则是要求捺画书写得刚劲有气势。“磔”的本意是“肢解”，其意是用刀去劈，可见其气势之刚猛。

作为历代习书者的用笔法则，永字八法一直肩负着传统文化传承的历史使命，也为汉字的书写文化做出了巨大贡献。

第三章

妙趣横生：汉字的进化

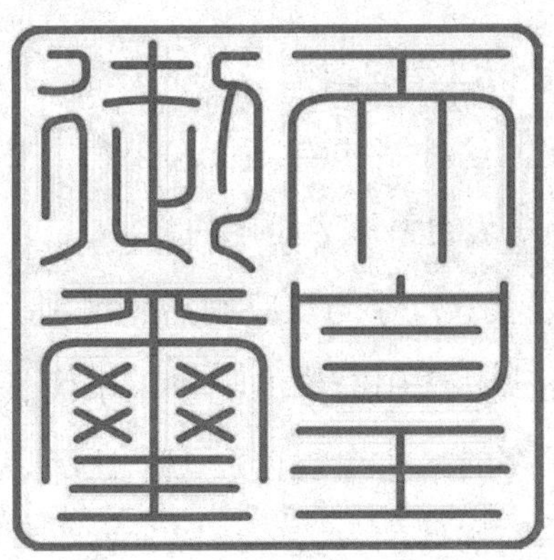

一、简易律和区别律

在汉字的使用和发展过程中，有两条规律一直制约着它。一条叫作“简易律”，另一条叫作“区别律”。在这两条规律的作用下，汉字变得越来越简单易写，也越来越独特明朗起来。

如果要研究汉字文化的发展史，那么简易律与区别律便是不可跳过的话题。

所谓“简易律”，就是指汉字的结构要简单易写，这样才能在使用过程中更加方便。古人以图为字，这种字相当复杂，交流、书写很不方便。而符号化的汉字，就是为了改善复杂的象形字而生的。

所谓“区别律”，就是要让汉字与汉字间产生区别。我们都知道，汉字是一个一个造出来的，我们没办法用简单的“一”来代表所有汉字。所以，汉字之间的区别，就成了汉字的另一个规律。为了让汉字间区别加大，人们经常采用在原有汉字上加不同部件的方式。所以，这个变化规律也被称作“繁化律”。

汉字的发展过程一直处在简易律与区别律的相互作用下。一方面，汉字在简易律的作用下越来越简单；另一方面，汉字又在区别律的作用下逐渐复杂。

比如“马”字。早期甲骨文中的“马”字是象形文字，很是细致，马的口、耳、眼、躯干、足、尾都有，刻写起来十分费事，到了金文就只剩下不象形的线条了，小篆、隶书更为简便，楷书写成馬，后来更简化为马。可见，汉字的简化，是由图绘变为线条，由象形变为不象形，由较为繁复的符号变为较为简单的符号。这是简易律的作用。

又如“其”字。“其”的本意指的是用竹子或树枝编成的清洁工具。可是，后来“其”被拿去做了表指代用的虚词，为了与本意区别开，表示竹子或树枝编成的清洁工具变成了“箕”，这就是受区别律的作用，加了一个竹字头。

如今，汉字的平均笔画集中在9画到12画之间。从《现代汉语通用字表》来看，“9画字”是最多的汉字，其次是“10画字”和“11画字”。这也是简易律与区别律相互作用的结果。尽管汉字有简化的趋势，但为了加以区别，汉字的笔画是不能过少的，否则形似字就会增多，影响人们的使用体验。

在汉字文化的发展史上，字形的改变也受到书写方式的制约。

殷商时期，由于甲骨文是用刀刻在龟甲兽骨上的，所以笔画通常方直单薄；周朝以后，刻在青铜器或其他金属上的金文，则以笔画粗壮厚实著称。那个时期的汉字是没有“撇”“捺”的，所以甲骨文与金文的共同特点便是笔画粗细均匀。

汉代之后，符号逐渐取代图画，成为构成汉字的主要元素。为了便于书写，人们破坏了一部分汉字的结构。而隶书，就是最重要的一次字形简化。

清朝之前，隶书、楷书、草书、行书不断发展，这些汉字风格也让汉字在结构上进一步简化，而当汉字简化到容易互相混淆的时候，区别律就会站出来，让汉字重新繁化。

总之，简易律与区别律一直在影响着汉字形体的发展。相信在未来，我们还会迎来汉字的进一步变化，而汉字也将在简易律与区别律的作用下，越变越实用，越变越美观。

二、正俗字——汉字使用讲究多

中国传统的汉字是有正俗之分的。正字，是比较符合造字原意，且为字书广泛接受的汉字；俗字，则是民间为了方便省事，而自发形成的汉字。如今，很多俗字都已经变成了标准写法，而原本的正字则变成了“本字”，成了异体字的一种。

2020 年全国第七次人口普查数据显示，我国的文盲率已降至 2.67%，近乎人人识字。生活在这个教育普及时代的我们可能很难理解，在中国漫长的古代社会中，读书识字一直都只是极少数人才能享受的权利。而时间越往前溯，文字的使用范围和使用群体越狭小。在这种情况下，早期的汉字，则主要被运用在庄严肃穆的场合及事件上，如祭祀、宣旨、任命、调令等。

所以，无论是书写风格还是形体结构，当时的汉字都必须是正式、规范，且被官方认可的。而这种被官方认可并使用的字，就是我们常说的“正字”。

目前，我们能看到的最早的正字，当属那些商朝中后期青铜器上的铭文。这些铭文大多是某个氏族的族名（族徽），所以比较简短。这些铭文都被刻画得方方正正、一丝不苟，因为这些正字彰显了一个氏族的威严，也关系着整个氏族的荣耀与尊严。

殷墟出土的龟壳兽骨上的甲骨文也是正字。有的学者用“宏放”来形容这种甲骨文的风格，以此表现正字庄重的风格。

正如前面所说，正字在青铜器的铭文中被很好地保留了下来。原因在于氏族的青铜器大多是以礼器的形式用在隆重的祭祀场合上的。为了福荫子孙后代，为了让氏族长盛不衰，族中会格外小心地保存礼器，而礼器上的正字也因此完好地保留下来。

后来，随着祭祀、占卜等场合的增多，一些工作人员萌生了偷懒的心思。由于每次占卜都需要更换新的甲骨，也就是说，大部分甲骨属于“一次性用品”，因此他们开始有意地缩减甲骨文的笔画，以减轻自己的工作量。于是，很多甲骨文上的正字在被官方允许的情况下出现了变体。比如“牛”字，最初的正字完全是一头水牛的简笔画，可到了工作人员手里，就被省略成只有一对犄角的线条字。

当然，这种变体字是不能出现在帝王、诸侯和权贵们的祭祀、占卜中的。这些变体字大多出现在史官和下层官员的占卜文中。由于该变体字与正字相差不大且简单好写，所以这些变体字被下层官员所接受，并被取名为“俗字”。

从汉字文化的发展史来看，俗字是很容易取代正字的。比如殷商王朝被周王朝灭掉后，殷商的正字就变成了过去式，周王朝会用一种新的正字来取代过去的正字。但是，俗字因使用基础广泛、书写简单等原因继续保留下来。同时，新正字在形成的过程中也会吸纳原本的俗字。我们在前面提到的简易律与区别律，也帮助俗字进一步地取代正字。

相比正字而言，俗字显然更符合汉字的简易律。所以，我们今天使用的汉字，有相当一部分是从俗字中演变出来的，而那些庄严高贵的正字，则因书写烦琐而逐渐退出了历史舞台。

三、古今字——我不是“通假字”

古今字，指的是文献中记录同一个词项时，在不同时代使用不同字符的现象。这种现象又被称作“历时同词异字”现象。

所谓古今字，指的就是古今分化的汉字。我们将分化前的汉字称作“古字”，将分化后的汉字称作“今字”。

就拿“莫”字来说吧。“莫”原本的意思是指太阳落在草丛里的样子，表示日落、傍晚。后来，“莫”字被赋予了新的意义，变成了一个否定副词和否定性无定代词。为了在书面语中不至于让“莫”的两种意义混淆，人们在“莫”字下面加了一个“日”字，成了今字“暮”。从此，“暮”就成了日落、傍晚的代表词，而“莫”和“暮”也就成了一对古今字。

我们可以将古今字按照字形是否相关分成两类。

1. 古今字字形结构无关

拿“罪”字举例。“罪”的古字为“辠”——上面是一个“自”字，下面是一个“辛”字，取“自己犯罪，就要自己辛苦劳作赎罪”的意思——后来，这个字被“罪”取代，“罪”成了今字，古字就没人再使用了。二者字形结构完全不同。

2. 今字由古字演变而来

此类别中，今字的产生是以古字为基础，二者在字形上有关联。我们前面提到“莫”与“暮”就是一对字形相关的古今字。除此之外，“责”与

“债”、“反”与“返”也都是这类古今字。

看到这儿，很多人会有这样的疑问——“古今字不就是我们经常接触的通假字吗？”其实，古今字和通假字是两个完全不同的概念，但是它们之间确实有一定的联系。

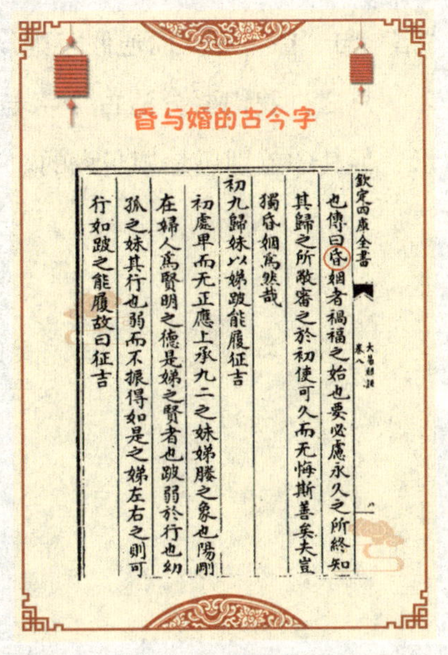

昏与婚的古今字

欽定四庫全書　大易緝說　卷八

也傳曰昏姻者禍福之始也要必慮永久之所終知
其歸之所敬審之於初使可久而无悔斯善矣夫豈
獨昏姻爲然哉
初九歸妹以娣跛能履征吉
初處卑而无正應上承九二之妹娣媵之象也陽剛
在婦人爲賢明之德是娣之賢者也跛弱於行也幼
孤之妹其行也弱而不振得如是之娣左右之則可
行如跛之能履故曰征吉

1. 古今字与通假字在出现时间上有所不同

从汉字发展历史的角度看，古字和今字是先后出现的。比如汉字历史上是先出现了“然”，再出现的“燃”；先出现的“县”，再出现的“悬”。而通假字与被通假字则是同一时期出现的。比如《史记·项羽本纪》中，有“愿伯具言臣之不敢倍德也”的记载。这句话中，“倍”通“背”，“倍”字与“背”字是同一时期出现的，不存在谁演化成谁的情况。

2. 古今字与通假字在意义关联上有所不同

从前面的例子中，我们不难看出古今字在意义上是有联系的。比如《孟子·滕文公上》中提到了“布帛长短同，则贾相若”，其中的“贾”虽代表了“价格”的意思，但这个字的本意是指“商人”。指代商人的“贾”与指代价格的“价”是有密切联系的，所以，它们是一对标准的古今字。而通假字则没有太多意义上的联系，人们只是随意用一个读音相同或者相近的字来代替本字。

3. 古今字与通假字在字形结构上有所不同

我们已经知道，古今字在字形结构上是相互联系的。如果细分，我们可以按照“以古字作为声符构成今字”和“改换古字的义符创造新字”两种方式进行分类。以古字作为声符构成今字的例子有“禽”与“擒”、“昏”与

“婚”、“要”与“腰”等；改换古字的义符创造新字的例子有“讣”与“赴”、“错”与“措”等。而通假字则没有这种结构上的联系。

总之，我们要分清古今字与通假字的区别，毕竟二者虽然都是汉字的变形，但其中差别还是相当大的。

四、异体字——汉字也可以很写意

异体字，又称“又体”“或体”，《说文解字》中给出的解释为重文。异体字指的是读音、意义相同，但字形不同的一组汉字。

异体字可分为“完全异体字”和“部分异体字”两种。完全异体字指的是在任何情况下，读音和意义都一样的异体字；部分异体字指的是只在某些情况下才相通的异体字。

按照过去的方法，我们可以将异体字分成如下六类。

（1）形旁不同的异体字；

（2）声旁不同的异体字；

（3）偏旁位置不同的异体字；

（4）造字方法不同的异体字；

（5）偏旁多少不同的异体字；

（6）简化方法不同的异体字。

为了更方便大家理解，我们将异体字分成更加科学的五类。

（1）使用功能相同，且在语言中属于同一语意的异体字。比如“泪”与“淚”、“遍”与“徧”、“睹”与“覩”等。这类字是异体字中数量最多的。

（2）实际使用功能重合，用法相同，但造意不同的异体字。如“罪”与“辠”、“帆”与“颿”等。

（3）由于在传承演变时，字体风格发生了改变，如隶定楷化，从而让一个汉字出现两个或两个以上衍生字的异体字。如“宜”和“宐”等。

（4）在书写元素上出现笔画差异的异体字，又被称作“异写字”。这种异体字不会对汉字的构形模式、结构分布和构意产生任何影响。

（5）被称为“讹字”的异体字。讹字指的是在书写、誊写、传抄过程中字形发生变化的字。这类字是异体字中较为特殊的一类。

异体字有独特的判定标准，有些字虽然常被借用，但并不属于异体字，如“寔”字经常被借来表示“确实”的意思，但它却并不是“实”的异体字。

再比如，有些字虽然与现在使用的字归属同源，甚至在使用时也有交叉，却不属于异体字，比如“獲（猎取禽兽）”和“穫（收割谷物）”现在都简化为“获”字，但它们不是异体字。

还有些字虽然在文献中出现混用现象，但它们也不是异体字，比如“脩”与“修”、“雕”与“凋”、“升”与“昇”等字。

为了更加方便人们学习汉语，中华人民共和国文化部和中国文字改革委员会于1955年联合发布《第一批异体字整理表》，宣布废除了1055个异体字。1986年，国家语言文字工作委员会重新发布了《简化字总表》。1988年，国家语言文字工作委员会和中华人民共和国新闻出版署联合发布的《现代汉语通用字表》，对异体字进行了进一步修订。

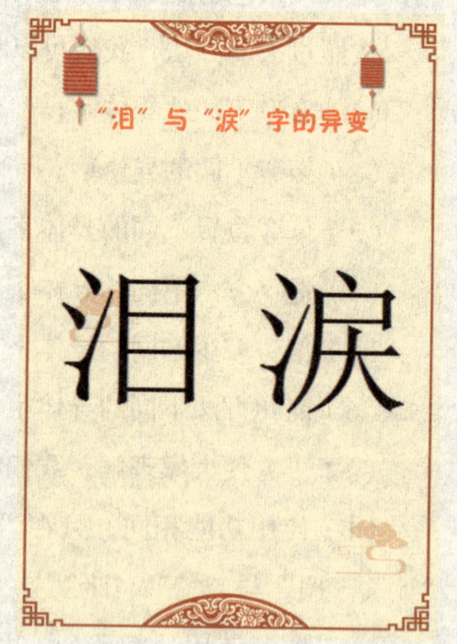

2000年，全国人大常委会修订通过了《中华人民共和国国家通用语言文字法》，其中明确规定异体字为非规范汉字，除了以下场合不允许使用。

（1）文物古迹；

（2）姓氏中的异体字；

（3）书法、篆刻等艺术作品；

（4）题词和招牌的手书字；

（5）出版、教学、研究中需要使用的；

（6）经国务院有关部门批准的特殊情况。

作为汉字的变形发展，异体字是汉字发展史中不可忽略的重要一环。如今，虽然大部分异体字已经成为历史，但它们的存在依然彰显了汉字文化的多样性和深厚底蕴。

五、繁简字——古代与现代的碰撞

汉字因为人们的改革而逐渐简化，由此出现了“简化字”与“繁体字”。简化字与繁体字往往是一对一、一对零的关系，但偶尔也会出现一对多的情况。

繁体字，又被称作“繁体中文”，是小篆演变为隶书后，所产生的汉字书写体系。在部分西方国家看来，繁体字才是中国的传统汉字。繁体字历史悠久，距今已有两千多年的历史。

直到 1956 年，繁体字都是各地华人书写汉字的标准。目前，中国台湾、中国香港特别行政区和中国澳门特别行政区是繁体中文的主要使用地区。

从中国汉字文化史上看，从上古时期到西汉，官方字体与现代繁体字是有明显差异的。但从东汉开始，作为官方字体的隶书便与现代繁体字逐渐接近了。我们在前面提到，隶书是篆书的简化，楷书是隶书的简化，现代简体字则是正楷书的简化。在汉字漫长的发展史中，这种“由繁复趋于简约”的趋势是一直存在的。

繁体字简化成简化字有一个原则，那便是“述而不作，约定俗成，稳步前进”。这个原则的意思是繁体字简化时，要尽量采用那些已经在民间广泛流行的简体字，只作收集整理和必要修改，简化要分期进行、分批使用。对于那些繁复的繁体字，也要遵照“精简字数”“减少笔画”的原则，力求简化后的汉字与之前使用的繁体字之间有迹可循。

繁体字进行简化的方式主要有如下六种。

（1）更换偏旁部首；

（2）删除原汉字的某一部分；

（3）用同音字代替；

（4）全部改造；

（5）简化类推；

（6）草书楷化。

而在《简化字总表》中，繁体字的简化主要分为三种。

1. 对俗体笔画的省简

对俗体笔画的省简，主要是通过改变偏旁部首来实现。比如“观”与“觀”、“关”与“関”、“总”与“總”、“铁”与“鉄”、“鸡”与“鶏”等，它们都是对俗体笔画进行省简的繁简字。

2. 从草书进行演变

从草书进行演变的过程又被称作“省变”，其中大部分也是针对汉字的偏旁部首进行省变的。比如将“言”改为“讠”，将“釒”改为“钅”，将“飠”改为“饣”，将“糹”改为“纟”等。

3. 用同音字或近音字取代

比如“稻穀”的“穀”字，与“山谷”的“谷”字同音。虽然“穀”与“谷”是两个不同的字，但秉承省略笔画的原则，“穀”字便被笔画少的“谷”字替代了。

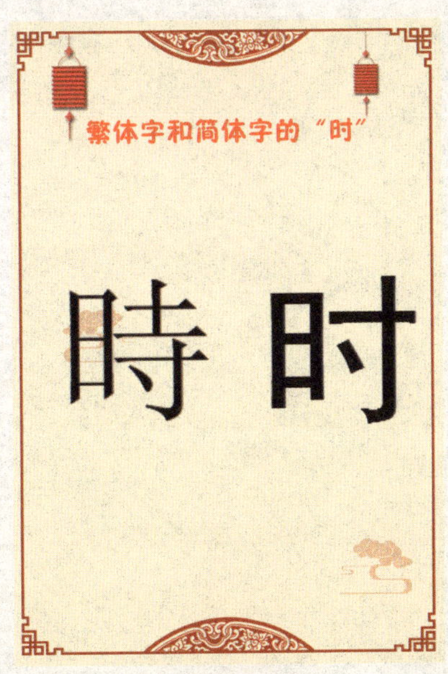

1956年1月28日，中华人民共和国国务院发布了《关于公布汉字简化方案的决议》，这是中国全面推行简化汉字的标志。但是，繁体字作为汉字的一种，在一定人群及汉字的教学、研究、书法、出版等领域依然有使用需求。

1964 年，中国文字改革委员会、中华人民共和国文化部与教育部联合公布了《简化字总表》，其中共包括 2238 个简化字。这些简化字的平均笔画也从“16 到 19 画”简化成“8 到 11 画”。

2000 年，全国人大常委会颁布了《中华人民共和国国家通用语言文字法》，进一步明确可以保留或使用繁体字的范围。

（1）文物古迹；

（2）姓氏中的异体字；

（3）书法、篆刻等艺术作品；

（4）题词和招牌的手书字；

（5）出版、教学、研究中需要使用的；

（6）经国务院有关部门批准的特殊情况。

第四章

博大精深：汉字的造字方法

一、象形字，生义需望文

象形文字是从图画文字演化而来的造字方式，也是一种最为原始的造字方式。象形文字的图画性质减弱，象征性质增强。

象形文字又称“表意文字”，是从原始社会简单的图画和花纹发展出来的古老文字。根据无规则的线条，先民们创造了一种描画实物形状的造字方法。比如“月”字，就是从模拟弯月牙的象形字衍生出来的汉字。

如今，我们常见的从象形字演化的汉字有“人”“火”“雨”“田”“山”“川”“水”“日”“口”“井”“门”“耳”“目”“手”“牛”“羊”“马”“竹”“禾”“刀”“弓”等。这些汉字都是通过线条将要表达的事物外形具体勾画出来的。

象形字来源于图画文字，中国最初的汉字就属于象形文字的一种。我们前面提到的甲骨文、石刻文与金文，都算是不同程度的象形文字。

当然，象形文字并不是中国特有的产物。就拿古埃及原始岩画上的象形文字来说，它的历史就在一万年以上。古印度同样有象形文字，这种文字主要分布在印度的中部文迪亚山脉的丘陵地带。而在位于中国山东省泰安市的“大汶口文化”出土的陶器上也发现了可能是文字的刻画符号，可以认为它是象形文字的前身。从出土的兽骨、石器与陶器看，中国象形文字的发展远不止一万年。

作为世界文明古国之一的中国，不但有汉字这样的福寿绵长的自源文字，也有被誉为“象形字的活化石”的纳西族、水族文字。

纳西族是中国云南特有民族之一，绝大部分纳西族人居住在云南省丽江市，其余的纳西族人民则分布在云南、四川与西藏的一些县市。纳西族文字又被称作“东巴象形文字”，其表意方法主要是通过一个字或几个字来指代一句话。

东巴象形文字大约产生于唐朝初期，从文字发展的角度看，东巴象形文字比甲骨文还要原始。随着纳西族社会的逐渐发展，丽江地区的一部分人民在明末清初时期创造了哥巴文。哥巴是弟子的意思，哥巴文则是指东巴什罗后代弟子所创造的文字。

如今，纳西族仍然使用着东巴文与哥巴文这两种古老的文字。这两种文字不仅是中国文字的一部分，更是揭秘人类文字诞生的宝贵资料。东巴文是世界上唯一存活的象形文字，因此被誉为文字的“活化石”。

水族是中国少数民族之一，主要聚居于黔桂交界的龙江、都柳江上游地一带。水族的文字称为“水书”，其文字结构大约有以下三种类型：一是类似甲骨文的象形文字；二是仿写的汉字；三是宗教文字。

水族人民的水书涉及水族的宗教、法学及天文地理，可以说是水族人民的“百科全书”。水书中的文字，也被称作“象形文字的活化石”，成为研究人类象形文字的珍贵资料。

从表达方式上看，象形文字的局限性是相当大的。因为有些抽象事物或复杂事物是很难用图画表现出来的，所以，象形文字的淘汰也成为历史的必然。不过，象形文字作为最古老的文字，也成为人类探寻历史、追本溯源的最好资料。

二、指事字，这个字有点不同

指事字是一种相当抽象的造字方法。当人们不方便或无法用具体形象去描绘事物时，就会用符号来表示，这种符号就被称作“指事字”。大部分指事字都是在象形文字的基础上，通过增加或减少笔画创造的。

指事字是一种十分抽象的造字方法，通常用来表示抽象的意义。指事字与象形文字不同。象形文字注重还原事物的本貌，主要方法是“照葫芦画瓢”，而指事字重在用抽象符号描述事物。

比如古时候很难用具体形象来表示上、下等方位，所以代表上、下的抽象符号便被设计出来，成为指事字的一种。

上、下的指事字，都是以一条横线“一”为界的。“上”字，便是在一上加一点或一短线，来代表上方；“下”字，便是在一下加一点或一短线，来代表下方。

遇到更复杂的描述时，指事字也会变得更加抽象。比如“凶”字，便“凵”是指地上有一个深坑，而“乂”则象征陷阱中可致命的危险物，具体是指交叉而置的箭。人们不小心掉进有危险物的陷阱里，就代表了“凶”的含义。

我们可以将指事字具体划分为以下三种类型。

1. 独体指事

独体指事指的是在形体上没有经过变更的指事字。这类指事字指代的事物比较抽象，但表达起来却不困难，而且很容易理解。独体指事字通常书写简单，只用线条符号来表述即可。常见的独体指事字有上、下、一、二、三、爻、丨、丩等。

2. 合体指事

当已有的文字形象或符号不足以表达抽象事物的意义时，人们就在已经成文的形象上，加一些线条、符号或画来表达概念。也就是说，合体指事字是在一个已有文字的基础上再加工，成为一种二者相合的文字。常见的合体指事字有中、元、示、屯、牟、牵等。

3. 变体指事

变体指事字是指为了表达抽象事物的概念，将原有文字进行减省或变化，最后形成的一种文字。通过这种变体，人们能领悟到另一层与其相关的概念。变体指事字主要是在位置上发生变化。有些字是上下颠倒，有些字则是左右相反。常见的变体指事字有廷、臣、乏、逆、幻、世、夏、凵、巾等。

看到这儿，很多人会觉得指事字在某种程度与象形文字还是相似的。其实，象形文字与指事字之间的界限的确有些模糊。时至今日，仍有很多学者在某些易混淆的字上，做出“象形文字”和“指事字”的不同判断。

不过，不管是指事字，还是象形文字，二者都是汉字的造字方法，也是汉字不断变化发展的重要部分。

三、考验想象力的会意字

会意字，指的是用两个或两个以上的独体汉字，根据各自的含义，所组成的新汉字。这种造字方法叫“会意”，属于六书的一种。会意字也就是用会意的方法造出来的汉字。

会意字的产生，主要是为了对象形文字与指事字进行补充。与象形文字和指事字相比，会意字明显有更多的优势。首先，会意字可以表示更多更抽象的意义。其次，会意字的造字功能也更强。

从《说文解字》收录的 1167 个会意字看，它在数量上比象形字和指事字多得多。而且，会意字的造字方法对现代简体汉字的创造也起到了重要的启蒙作用。

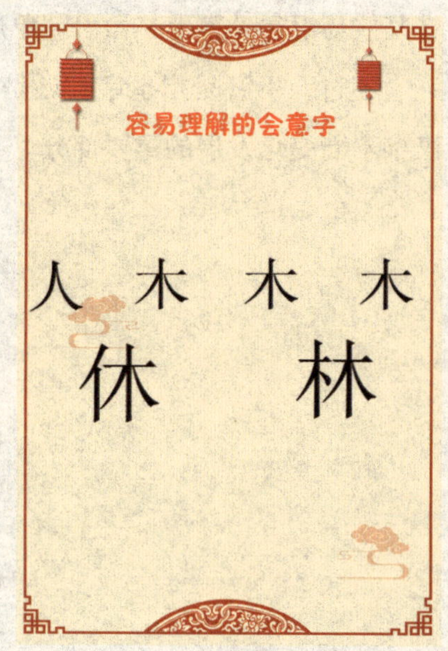

《说文解字》的著者许慎曾言：“会意者，比类合谊，以见指㧑。”这段话的大概意思是说会意字都是通过拼接而来，且在拼接后产生新的含义的。由此可见，在造字方面，会意字有两个必须具备的条件。第一，会意字必须是合体的。第二，会意字必须由合体组成新含义。如果不满足这两个条件，那这个字就不能被称作“会意字”。

我们用“人”字和“木”字举例。“人”代表的是人类，“木”则代表树木。“人”与“人”可以组合成从、众；“木”与“木”可以组成林、森；“人”可以跟其他字组成保、他、伐、伍、付等；“木”字也可以跟其他字组成相、困、采、析等。而且，“人”与“木”在组成新汉字时，新汉字指代的意义也发生了变化。“人”与“木”可以进行组合，成为“休”字。“休”表现出“人”在“木”旁边小憩的样子。所谓“背靠大树好乘凉”，人们劳作完，在树荫下休息的样子，就是“休”的意思了。

从字形上看，我们可以将会意字分成如下三类。

从上面的例子中，我们可以看出会意字已经冲破了象形文字与指事字的禁锢，并且扩大了造字的范围。

1. 同形会意字

同形会意字指的是由两个相同的汉字组成，且有了新含义的会意字。同形会意字又可分为“二字重复同形会意字”和“三字重复同形会意字”。

二字重复同形会意字中，代表性的字有“从”，意思是跟随；“比”，意思是夫妇比肩匹合；“林”，意思是树林；“丝”，意思是蚕吐的像线的东西；“炎”，意思是火光上腾。三字重复同形会意字中，代表性的字有“森”，意思是森林；“众”，意思是人数多；“晶”，意思是星；“品”，意思是众多；“磊”，意思是很多石头堆垒在一起。

2. 非同形会意字

非同形会意字指的是两个或两个以上不同的汉字所构成的会意字。我们可以将非同形会意字分为“由几个相关的字组成的图形式会意字”和“主体与器官组成的会意字”。

由几个相关的字组成的图形式会意字，指的是通过一个完整的图形来表示一个新含义的字。比如丞、及、只、爰等；主体与器官组成的会意字主要表示人或动物的动作，比如望、走、臭、舒等。

3. 未归类会意字

上述两种会意字，表意较为直接和表象化，人们从字的结构上几乎一眼就能看出和想到是何事何意，但是另外一些会意字的表意就没有这么直接明了了，从而很难归类。如“息”字。人和动物的呼吸都起源于心脏而行于鼻腔，所以“息”字从自（表示鼻子）从心，表示气息和呼吸。又如“囚”字，紧闭的房子里有一个人，表示关押、拘禁。这些字不能简单地从“字面”上去理解字的意思，而是需要联系对事物、对社会、对自然的认知去做深层次的理解，才能准确地把握字义。

从会意字字形上看，它是以象形字或指事字为构件的复合字。所以，我们也可以将会意字拆形，变成更简单的独立表意的文字。与象形字、指事字相同，会意字也是汉字的四大造字方法之一，是汉字文化发展史上的重要一环。

四、有声有色的形声字

形声字，与象形字、指事字、会意字同为汉字的四大造字方式。形声字是在象形字、指事字、会意字的基础上形成的，由意符和声符两个部分组成。

形声字被誉为“最能产”的造字形式，由意符和声符两部分组成，意符通常用象形字和指事字充当，声符则可以用象形字、指事字和会意字充当。下面我们就形声字的意符与声符进行分别解读。

1. 形声字的意符

意符顾名思义，代表的是形声字的某种意义范围或事物属类。意符由于都是高度概括的类目，所以并不能看作是表达形声字具体含义的符号。

比如以“页”为意符的“项”“颜”“颠”“题”等字，再比如以“日”为意符的“晴”“昭”“昕”“晚”“暗”“晦”等字。这些字虽然在含义上彼此关联，但这种关联存在相近、相通或相逆、相反等可能，因此并不能将意符单纯地看作是表达形声字具体含义的符号。

2. 形声字的声符

声符顾名思义，指的就是形声字中负责标声的字符。除了标声外，声符偶尔也会作表意用。比如从声符“包”得声的“抱”“雹”“袍”等，都有包含、包裹的意思；从“仑”得声的“轮”“论”“伦”“抡”“沦”“纶”等，都含有条理、伦次的意思；从“奂”得声的“焕”“唤”“痪”“涣”等，都含有大的意思。

形声字的意符与音符在结合过程中有着多种多样的形式，这些形式也衍生了各不相同的汉字。

（1）“左形右声”的形声字——如“材”“破”“骑”“冻”“铜”“秧”“偏”“证”等。

（2）“右形左声”的形声字——如“攻”“削”“瓢”“颈”“放”“故”“雌”等。

（3）“上形下声”的形声字——如“露”“芳”“字”“界”“宵”“崖”“管”等。

（4）“下形上声”的形声字——如“斧”“慈”“膏”“贡”“赏”“凳”“架”“案”等。

（5）“外形内声”的形声字——如“圄”“圆”“园”“匾”“固”“病”“庭”“阀”“裹”“衷”等。

（6）“内形外声”的形声字——如“问”“闻”“闷”“辫”等。

（7）“形在一角”的形声字——如“裁”“栽”“载”等。

（8）“声在一角”的形声字——如“渠”“醛”等。

除了上述8种主要形式外，形声字还有一些特殊的结构。比如意符与声符割裂开的“旗”“衷”“街”“衡”等。

而且，为了让形声字更加平衡、美观，人们还使用省形、省声的办法。比如“亭”字，其意符就是省略了“高”字的一部分。再比如“删”字，其声符就是省略了一部分笔画。

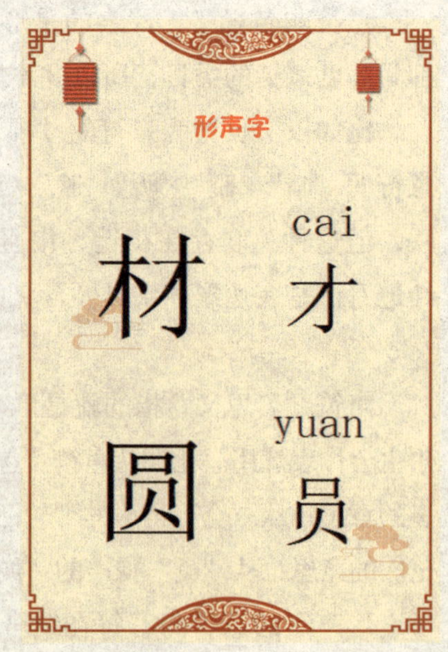

从汉字文化的发展角度来看，形声字这种造字方法不但突破了象形字、指事字和会意字的局限，而且弥补了上述三种造字方法无法标声的缺陷。作为记录语言的文字，由表意向标音过渡的形声字是汉字发展演变的必然结果，形声字也彰显了汉字强大的生命力。

五、避讳字——汉字中的特殊产物

避讳就是在遇到君主或尊亲的名字时不直接写出或说出，以表尊重。前者称为公讳，后者称为私讳，是我国古代所独有的文化传统，汉字文化中的特殊产物。

提到“避讳”一词，人们先会想到死亡。从古至今，生与死一直是人类面临的最大问题。当某人死亡时，我们会出于避讳心理，将其称之为“逝世”“辞世”“走了”等，这便是汉语的避讳现象。

生活在古代的中国先民，很早就因为避讳心理而对某些事物进行避讳。进入封建社会后，为了维护统治阶层的等级制度与尊卑观念，统治者更是注重汉字使用的避讳，并推行了一系列避讳规定。这种行为不但反映了中国古代社会的制度与风貌，也对汉字文化的发展起到促进作用。

封建社会中的避讳，主要集中在“避讳君主”和“避讳尊长”上。君主的名字与尊长的名字一定要避讳，尤其是君主的名字。如果有人忘记避讳，轻则被打板子、罚款，重则惹上大不敬的罪名，给自己招来杀身之祸。

就拿秦始皇的名字来说吧。秦始皇姓嬴名政，他的名字“政”就需要进行避讳。于是，人们将“政”字改为了平声，那些与“政”同音的字也需要一同改音。比如“正月”的读音就被改成“征月”，而“正月”的“正”读一声的传统也一直延续到了今天。

除了将字进行改音外，人们还会使用创字的方式，创造一个全新的汉字来指代原有字的意思。比如孔子是中华民族伟大的思想家，是当之无愧的尊长，所以，孔子的名字“丘”也需要避讳。当时，有不少人的姓氏就是“丘”，为了避讳孔子的名字，人们就在“丘”字后面加了个“阝”，变成了现在我们看到的“邱”字。

除了改音与创字外，还有一个更加简单粗暴的避讳方法，那就是直接将需要避讳的字改成其他不相关的字。比如汉朝有个叫蒯（kuǎi）彻的谋士，因为后来的汉武帝名叫刘彻，所以蒯彻的名字便被人们改成了“蒯通”。再比如，汉高祖刘邦的妻子名叫吕雉（zhì），当时有一种长尾鸟名叫野，为了避讳，人们便将“野雉”改称为“野鸡”了。

有趣的是，元朝的统治者虽是蒙古人，但他们却很喜欢汉族文化中的避讳制度。早在至元三年（1266 年，此时距离南宋灭亡还有十几年的时间），元朝统治者就公布了 160 多个需要避讳的字。由于蒙古族的母语是没有声调区分的，所以他们就将汉语里读音不同、声调不同的字都改为了同音字。

对于一些读书人而言，即便他们是普通百姓，也要注意避讳自己父亲和祖父的名字。比如撰写了《史记》的司马迁，其父亲名叫司马谈，为了避讳父亲的名字，整本《史记》中都找不到一个“谈”字。他提到了一位叫“赵谈”的人物，为了避讳父亲的名字，司马迁便用了“赵同”一名来指代“赵谈”。

汉字与日常生活之间的联系，可以说在整个世界的文字发展史上都是独一无二的。从汉字的避讳原则中，我们也能进一步了解汉字的特性以及先民的日常生活。

六、拆字“游戏”——政治斗争的产物

大多数汉字都是由不同部件组成的合体字。如果将合体字进行拆分，那么拆分出的部件，也往往是具有实际意义的单体字。同音的汉字很多，就连姓氏汉字也是如此。比如有人问起“您贵姓”时，姓“张”的人通常会说：“我姓张，弓长张，不是立早章。”

汉字是具有可分解性的文字，它的这种特性在中国历史上造成了一些特殊的社会现象，这些社会现象往往与上层的政治斗争有所联系。

我们现在看到的“刘”字，是由“文”和“刂”字组成的，取“文武双全”的意思。可古代的“劉”字，则是由“卯”“金”“刂”三个字组成。其中，“卯”是一种用桃木或金玉制成用来驱邪避凶的配饰，而“金刀”则是一种货币的名称。

当时，王莽篡位，夺了西汉统治者刘氏一族的政权。为了建立全新的王朝，王莽下令彻底废除“劉”字，“金刀”这种货币也被一并废除。除此之外，王莽还禁止老百姓佩戴“卯”，弄得百姓不安，社会动荡。当然，这种迷信可笑的政策让王莽自食了恶果。不过，关于统治者与拆字之间的“游戏”，却代代传承了下来。

东汉末年，汉献帝刘协即位。根据后世作品，当时的洛阳城里流行一首童谣：“千里草，何青青；十日卜，不得生。”其中，“千里草”合起来是“董”

字，“十日卜”合起来是“卓”字。意思就是，扶持刘协登上帝位的董卓，必定残暴不仁，且不得善终。据此，《三国演义》等作品中才有了“貂蝉使美人计，离间董卓与吕布，最后董卓被吕布刺死”的桥段。

与此类似的政治性拆字游戏还有很多。比如隋朝末年，社会动荡，当时便有“十八子，坐天下”的说法。这个“十八子”合起来便是“李”字，而这个说法就是为唐朝开国皇帝登基造势的。

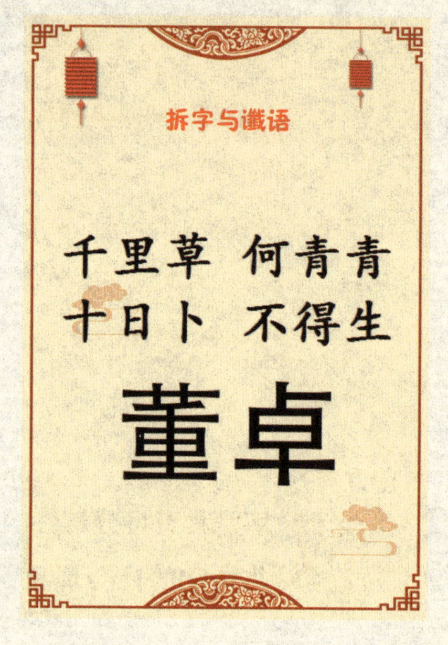

当然，这些拆字游戏之所以冠以“政治性”，就是因为它们都是政治家或谋臣们预先炮制的，与预见性并无关联。但是，这些政治家和谋臣们却让中国产生了一种专门的职业——拆字师。

拆字师又叫拆字先生，属于卦帅的一种，职业性质也属于占卜算卦。他们一般是让求卦的人随便写一个字，然后将这个字分解，或者与其他的字合成，然后说出一番道理，来为求卦人占卜吉凶。

有一个颇为有趣的拆字故事，讲的是隋唐时期，两个读书人准备求取功名的事。

古时候，人们喜欢在人生的重大事件如成亲、赴考前占卜一番，好让自己有个心理准备。这日，两个读书人一同去拆字先生的摊位前占卜，看看自己此番能不能中选。

第一个读书人先测，只见他在纸上写了个“串”字。拆字先生沉吟片刻，说道:“这个‘串’字可以拆分成两个‘中’字，说明阁下今年定能高中两次！”古时候，人们将通过考试称作“中”，而一年之中，科举考试会分为不同层次与阶段，并不是只考一次试。这是大吉之兆。因此听了拆字先生的话，第一个读书人非常高兴。

第二个读书人也想听几句吉利话，于是在轮到他的时候，也写了一个“串”字。谁知，拆字先生却眉头紧锁地说道：“阁下不但不能高中，恐怕还有祸事临头。”第二个读书人吓了一跳，忙问拆字先生作何解释。拆字先生答道：“刚才那人写‘串’字是无心的，但阁下却是有心的。‘串’字下面加一‘心’，便成了‘患’，故而有此一说。”

从这个故事中，我们也不难看出所谓的拆字占卜，不过是全凭拆字先生一张嘴罢了，与个人前程的吉凶并无什么关系。这是一种迷信行为，不得当真。

第五章

字里乾坤：有故事的汉字

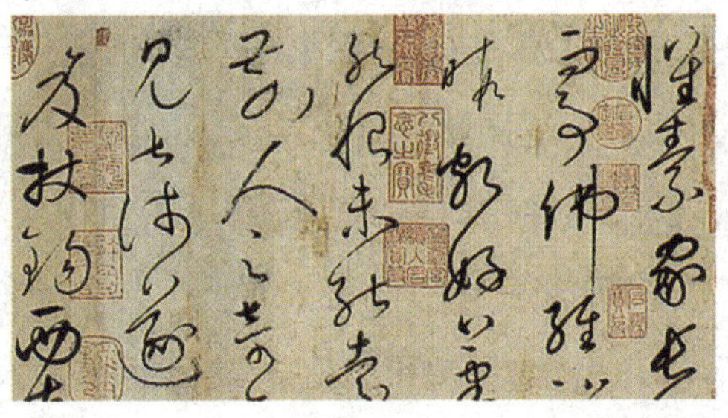

一、汉字中的“衣食住行”——衣

“衣”是一个象形文字，上面像领口，两旁像袖筒，底下像两襟左右相覆。本义是上衣，后来成为衣服的总称。衣是重要意符，从“衣”的文字多与衣服或布匹相关。

衣　愿在衣而为领

晋代著名诗人陶渊明在其所著的《闲情赋》中，深情地用衣服领子抒情了一把——“愿在衣而为领，承华首之余芳”。陶渊明的意思是想成为佳人衣服上的领子，这样就可以承接佳人脖颈上的余香了。

早在上古时代，人们就已经用树皮、兽皮和草本植物来制作衣服了。

“衣”字的甲骨文字形看上去有些奇怪，它上半部分类似“人”字，下半部分则像英文字母“y”。但是细细想来，我们就能明白古人的意思了。这个字的上半部分代表的是衣服，下面则是衣襟合拢时的样子。

“衣”字的金文字形会更加匀称一些，像一件衣服，又像一个规整的衣服架子。“衣”字的小篆字形与金文字形差不多，但是楷体的“衣”字，则完全看不出衣服的样子了。

我们可以从古装影视剧中看到古代衣服的大概样子。相传，古人的衣服是黄帝时期的大臣胡曹发明出来的。那时，中原民族以右为尊，所以古人的衣襟大多都是右边开襟。这种衣领很像英文字母“y”，所以“衣”字的象形文字下面是个明显的“y”形。

看到这儿，有人会问：“中原人穿衣服都是向右开襟，难道中原外的人穿衣服都是向左开襟吗？”没错，还真的是这样。当时，人们将中原以外的人称作“蛮夷”，这些人尚武，更喜欢向左开襟。

孔子有句话，叫“微管仲，吾其被发左衽（rèn）矣”。这里的“衽”就是衣襟的意思，这句话意思是说“如果没有管仲，我就要像蛮夷一样披着头发，穿着向左开襟的衣服了”。

《说文解字》中，有“衣，依也。上曰衣，下曰裳（cháng）。象覆二人之形。凡衣之属皆从衣”的说法。可见，古人说的衣只指代上衣，而下衣则称作“裳”。有趣的是，“裳”指的并不是裤子，而是裙子。在古代，男女老少都是要穿裙子的。《诗经》里的“东方未明”一诗，便有“东方未明，颠倒衣裳”“东方未晞，颠倒裳衣”的说法。

如今，我们看到的“衣”字是经过变形与简化的。不过，从它的字形中，我们依然能想象出古人穿衣时的样子。

布　人要穿着衣服，拿着工具

作为一种用于制作衣服的纺织物，布可以说是我们日常生活中最基础的物品了。

我们一起看看“布”这个汉字的造型。它下面有一个“巾”字，可见，这个汉字是与布帛密切相关的。

不过，在古时候，“布”的含义可没有这么简单。它不仅可以指代衣物料子，还可以指代钱币。

迄今为止，考古学家们还未从甲骨文中发现“布”字，这说明，“布”字其实是一个后起字。而金文的“布”，则是上面一只手拿着棒子，下面一个“巾”字。大部分学者认为上面手拿棒子的造型其实是“父”字，用来表示读音；而下面的“巾”，则指代布料。

但是，也有一部分人认为，金文“布”字上面表示的是个男人，他拿的棒子其实是农具，表示正在耕作；而下面的“巾”，代表这个男人在干活时遮蔽身体的衣服。

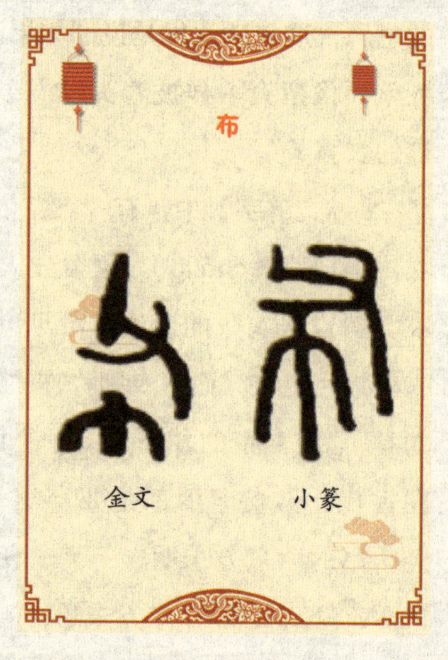

我们前面提到，“布”字在古代还有钱币的意思。所以，也有一部分学者认为，“布”字下面的部分不是“巾”，而是“镈（bó）”的象形文字。

“镈”在古文中指的是“钱镈”，为青铜制品，是古代最早货币的一种。而且，古人也将镈作为一种农具，这也与上面干活的人相对应。

根据《周礼》的相关记载，我们可以从“外府掌邦布之入出”看出“布”的含义。郑玄为这句话进行了注解，将“布”翻译成了“泉”。郑玄认为，“布”与“泉”都是指代钱币。当钱币作收藏之用时，则称为“泉”，当钱币作流通之用时，则称为“布”，取“泉水流淌而遍布”的意思。

不过，实际情况更可能是这样——古代老百姓在缴纳赋税时，通常会用实物来代替货币。比如养猪的就用猪抵税，种庄稼的就用粮食抵税，打铁的就用铁器抵税等。

但是，“布”这种东西是所有职业、所有人都要用到的，毕竟没人会赤身裸体在社会上生存，所以，“布”便成了人们缴纳税款时通用的单位。

这样一来，“布”就可以既指代布帛，又指代钱币了。

我们可以从《中国实物货币通论》一书中，找到关于“布”作为税款单位的依据——“赋税的‘赋’源于布帛的‘布’，赋、布同音，声、义亦从‘布’出，‘布’为财货……两者都采取实物货币的形式”。

可见，“布”字与古时老百姓的衣食住行都是分不开的。我们也能从“布”字中，一窥古人的日常生活。

冠 用簪子不够，还得戴上帽子

古时候，男子到了二十岁要行成人礼，名叫“冠礼”。由于二十岁的男子，其体魄尚未发育到最强壮的阶段，所以二十岁的男子又被称作“弱冠”。

同“布”字一样，“冠”字也是一个后起字。“冠”字的小篆字形是会意字，上面是一块类似布帛的东西，布帛的左下方是一个人，人上面有两横，上面的横代表簪子，下面的横则代表头，布帛的右下方是一只手。

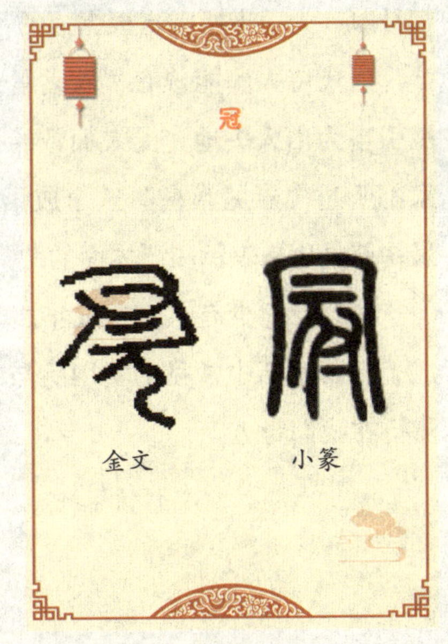

这个字形象地表现出了冠礼的情形——人们用手将头发绾出一个发髻，并用簪子将发髻插紧，最后再戴上帽子。

许慎在《说文解字》一书中，为“冠”做出了“冠，絭（juàn）也。所以絭发，弁（biàn）冕之总名也”的解释。“絭”是束缚的意思，而“冠”就是把头发束缚起来的东西。

从上述文字中，我们可以看出“冠”的本意就是帽子。但因为帽子是戴在头上的，所以又引申出第一、冠军等含义。

刚才，我们提到许慎将“冠”看作“弁冕之总名”。这里的“冠”就涉及我国古代的冠服制度了。我国古代将包裹头部的装饰物品统称为“头衣”，头衣的种类大概有冠、冕、弁、帻（zé）四种。

冠服制度是我国古代礼仪中重要的制度，也是身份阶级的象征。古人喜欢通过衣冠来表示尊卑有别，而且冠服制度早在周代就已经定型了。到了汉朝，冠冕制度更是让人眼花缭乱。

举个例子，冕冠是汉朝时期皇帝公卿的祭服配饰之一，上面是前低后高前圆后方的木板即冕延，两端各坠着丝线制成的旒（liú）。皇帝冕冠十二旒，系白玉珠；三公诸侯七旒，系青玉珠；卿大夫五旒，系黑玉珠。又有通天冠，为皇帝所戴；远游冠，为诸王所戴；高山冠，为官员所戴；进贤冠，为儒生所戴；法冠，为执法者所戴；武冠，为武官所戴；却非冠，为门吏、仆射所戴；却敌冠，为卫士所戴。根据冠的不同，基本上可以判断出官员的地位和职责。

唐代诗人薛能曾有“衣裳承瑞气，冠冕盖重瞳”的诗句。古人喜欢将冠冕引申为出人头地、受人拥戴的意思，可见人们对冠冕的重视程度。相信大家都听过“冠冕堂皇”这个成语。古人将“冠冕”与“堂皇”组合在一起，最初就是用来表示庄严体面的，只是到了后来，才引申出反讽的含义。

如今，很少有人会在成年之际行冠礼了，帽子也从身份等级的象征，变成了日常生活中常见的实用品与装饰品。不过，与冠有关的字词成语，依然流行在我们身边。

初　用刀给新生儿裁新衣

很多人在看到“初”这个汉字时，第一反应都是“为什么左边的衣补旁加右边的刀能表示‘初’字呢”“造字的人到底是怎么想的呢？”其实，我们在了解了古人的风俗习惯后，就会明白这个汉字设计得有多巧妙了。

“初”字的甲骨文字形与现代汉字“初”意思一样，左边的图形代表了衣服，右边的图形则代表一把刀，意思是用刀来裁剪衣服。而金文与小篆，在字形上已经与现代汉字“初”十分相似了。

许慎的《说文解字》给“初”字做了这样的解读：“初，始也。裁者衣之始也。”清代陈昌治刻本《说文解字》则给出了“始也。从刀从衣。裁衣之始也”的解读。

历代学者都认为，以刀裁衣是做衣服的第一步，而用衣服来遮蔽身体又是文明的开始。所以，“初”字才有了“开始”“开端”的含义。

而且，大人给孩子做的第一件衣服一般是新生儿时期穿的婴儿服。在制作婴儿服前，古人习惯举行裁剪布料的仪式，所以，“初”字才有了“初始”“开始”的意义。

后来，人们又将“初”字的含义进行引申，将人们未做官时穿的衣服称作“初服”，将做官后穿的衣服称作“朝服”，意思是做官后就等于登上了人生的第二阶段，与初始阶段不一样了。

“初”字的解读，也可从屈原所作的《离骚》中找到依据。《离骚》开篇便有“皇览揆（kuí）余初度兮，肇（zhào）锡余以嘉名”。这句话的意思是：“我的父亲揣测观察我初生的时节，从最初便赐予了我美好的名字。”其中，初度便是初生之时，后世也用初度来指代生日。

总之，用刀为新生儿裁衣的解释，就是古人在设计“初”字时的本意了。从此含义进行引申，“初”字还可以使用到时间单位上。比如《诗经·小明》一篇中，就有“二月初吉，载离寒暑”的记载。这里的二月初吉，指的便是二月初一。

巾　用细丝把巾系在带子上

在汉字中，“巾”字是一个比较特殊的汉字。生活中，我们能见到很多从“巾”的汉字，比如前面提到的“布”，再比如“帛”“带”“帐”“幕”等。这些都是表示丝、麻、布等物织成的物品。此外，用来表示钱财的“币”“帑”等也从“巾”字，可见其适用范围的广泛。

现代汉字“巾”是一个很简单的字。有趣的是，我们现在看到的“巾”字，与两千多年前的甲骨文字形相差无几。后来“巾”字的金文、小篆等，也与现在的汉字差别不大。

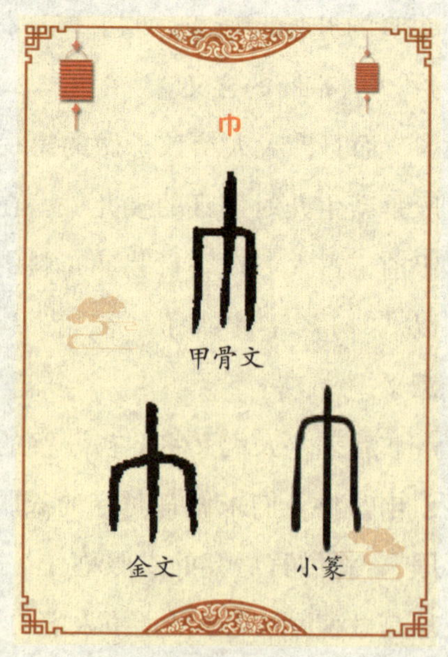

清代陈昌治刻本《说文解字》中，用了“巾，佩巾也。从冂，丨象糸也”来描述“巾”字。也就是说，“巾”字从外形上看，就像“冂”一样，是小块布的形状。中间的“丨”，就像一条“糸（mì）”，糸指的是细丝。“巾”字便是将一小块布系在细丝上的样子。

许慎所著的《说文解字》中，将“巾”字解读为“巾，佩巾也”。而对“佩”字的解读，则是“佩必有巾，巾谓之饰”。在古代礼仪规定中，巾是人们日常必须佩戴的物品之一。所以，许慎才会在《说文解字》中将“巾”与“佩”联系在一起。

古人的巾，除了有礼仪装饰之用外，其实也有很大的实际用途。比如擦汗、擦拭物件、包裹东西等。当时的佩巾都不太大，人们喜欢将佩巾掖在右腋衽间，并垂露在外侧。而且，佩巾是不分男女，人人都需佩戴的。

《礼记·内则》中，则对佩巾做出了这样的规定：“子生，男子设弧于门左，女子设帨（shuì）于门右。”这里的“帨”便是指佩巾。而这段话的意思是，家里有孩子降生时，生了男孩的家庭要在门的左侧挂一张木弓；生了女孩的家庭要在门的右侧挂一块佩巾。

根据《仪礼·士昏礼》的记载，女孩在出嫁前夕，娘家要“母施衿（jīn）结帨”。这里的“衿”指的是衣服的交领，“施衿”便是在交领上系上缨带。同时，佩巾也要系在衣服的交领上。做这两件事的时候，母亲同时还会训示女儿，希望女儿“勉之敬之，夙夜无违宫事”。这里的“宫事”指的并不是皇宫内的事，而是指婆婆吩咐的事情。

正所谓“身体发肤，受之父母”。在清朝之前，男女是不能随意剃发的。贵族男子用巾束发，而后再配上冠冕；平民男子则直接戴巾，这种头巾后来演变成了帽。

《三国演义》中，诸葛亮曾派人送了女子缟素之服一身、巾帼一件，并书信一封给司马懿。这里的“巾帼”，便是指女子覆发的装饰。

二、汉字中的“衣食住行”——食

甲骨文“食”字下部是一个装着丰盛食物的食器，上部是食器的盖子。金文“食”字基本由两部分组成，上面像三角形的食器盖子（一说像口），下面是装食物的器皿。

味 口中尝到了禾穗的滋味

许慎在《说文解字》中，对“味”字的解读为“味，从口，未声，滋味也”。但“味”究竟是什么滋味，为什么被解释为滋味，许慎却没有进行太多的解读。

我们要解读“味”字，先要来解读“未”。《说文解字》中，对“未”作了这样的解读——“未，味也。六月，滋味也。五行，木老于未。象木重枝叶也”，认为“未”就是滋味的意思。因此有人说，“未”就是“味”的本字。

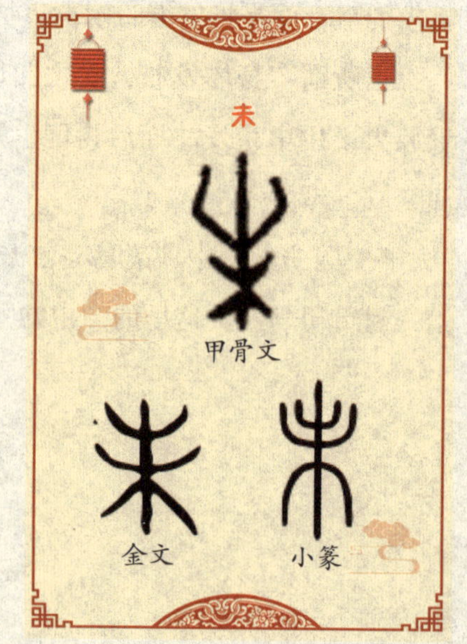

在许慎看来，“未”字很像树叶重重叠叠的样子，但这个像树叶的汉字，又是如何表达“滋味”的意思呢？中国现代文学家郭沫若认为，“未”字其实不是树叶，而

是指“穗”，而“未”字的甲骨文字形，相比树叶来说，更像是一株禾穗。

到了金文时期，“未”字与今天的汉字“未”已经相差无几了。按照郭沫若先生的看法，既然“未”的本意是“穗”，那“味”这个字就很容易理解了。

“味”字最早见于战国，已与“未”字有所不同。到了“味”字的小篆字形，已经与现代汉字“味”相差无几了。这时，“未”字的左边添了一个“口”字，表示“用嘴品尝禾穗”。这里的“未”起到标声的作用。清朝时期的《六书通》收录了“味”字的另一个小篆字形，这个字形右边的“未”字则更像禾穗。

唐代文学家柳宗元曾作了一首《放鹧鸪词》，其中有一句“鼎前芍药调五味，膳夫攘腕左右视”颇为有趣。古人认为，世间食物的味道不过五种——酸、甜、苦、辣、咸，而现在也有“五味俱全”“五味杂陈”的成语。

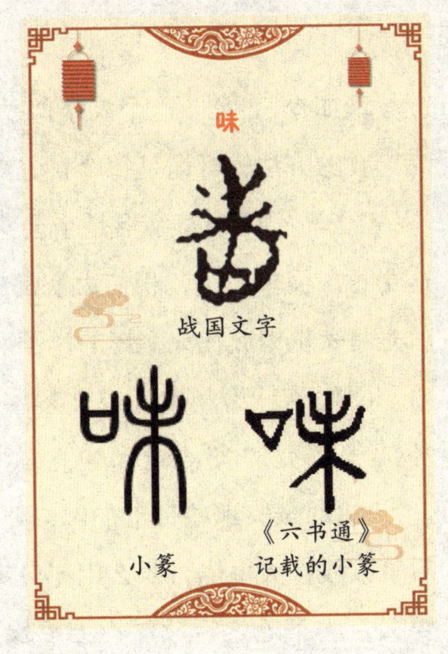

《礼记·礼运》中有“五味、六和、十二食，还相为质也”的说法。其中的六和，就是用滑、甘调制酸、苦、辛、咸四种滋味。郑玄注解为：“和之者，春多酸，夏多苦，秋多辛，冬多咸，皆有滑、甘，是谓六和。”孔颖达也说：“以四时有四味，皆有滑有甘，益之为六也，是为六和也。”

辛就是辣味。那么滑和甘又是什么意思呢？其实，滑是一种让食物更加柔滑顺口的作料。古人会用米或谷物磨成粉，然后放入菜肴中使其更加柔滑，这种粉类类似今天的芡粉、淀粉。而甘则是指带甜味的作料，如蜂蜜、糖之类。《周礼》中所说的“调以滑甘”，就是用滑与甘两种作料进行调和，让食物更加甘甜柔滑的意思。

《黄帝内经》中，又有“是故味过于酸，肝气以津，脾气乃绝；味过于咸，大骨气劳，短肌，心气抑；味过于甘，心气喘满，色黑，肾气不衡；味过于苦，脾气不濡，胃气乃厚；味过于辛，筋脉沮弛，精神乃央。是故谨和五味，骨正筋柔，气血以流，腠理以密，如是则骨气以精。谨道如法，长有天命”的说法。是说酸、咸、甘、苦、辛五味与人体的五脏有其特定的亲和性。五味调和，能对五脏起到补益作用，使人体的功能趋于平衡；五味偏嗜就会对身体健康带来不良后果，引来疾病的发生。

炙　在火上烤一块肉

现如今，“炙”这个汉字似乎用得并不多，但其实它涉及我国古代各种烧烤肉食的方法，可谓是每个喜好美食之人必懂的字眼。

“炙”字的小篆字形是个会意字，上面是一块肉，下面是一个“火”字。这个意思简单明了，相信大家都能猜出来，就是将一块肉放在火上烤的样子。

清代陈昌治刻本《说文解字》中，对炙的解释是“炙，炮肉也。从肉，在火上”。古时候，那些带毛的肉，要么去了毛后直接放在火里烧，要么用泥巴裹起来烧，要么在去了毛之后放在火上熏烤。直接放在火里烧的方法叫作“燔（fán）”；用泥裹起来放火里烧的方法叫作“炮（páo）”；去了毛之后放在火上熏烤的方法叫作“炙”。

《诗经·瓠叶》中，有“有兔斯首，炮之燔之”“有兔斯首，燔之炙之”的说法。

这两句话的意思是兔肉鲜嫩，烤它煨它味道好；兔肉鲜嫩，烤它熏它味道好。后来“炙”字逐渐变成了一种替代词，专门代替那些烤熟的肉食。比如李白就有“将炙啖朱亥，持觞劝侯嬴”的句子。这句话的意思就是，将烤熟的肉给朱亥吃，并举起酒杯，向侯嬴劝酒。

孟子曾有“奋乎百世之上。百世之下，闻者莫不兴起也。非圣人而能若是乎，而况于亲炙之者乎”的句子。孟子这句话的意思是（圣人）百代之前奋发向上，百代之后，听说他们事迹的人没有不为之感到振奋的。不是圣人能做到这样吗？何况那些受圣人熏陶的人呢？

大家想想，在烧烤的时候，靠近烤炉的人身上总会沾上熏烤的气味。这里的“亲炙”，指的就是“亲近而熏炙之”，即离对方近而受到熏陶。

最有趣的，当属“脍炙人口”这个成语。这里的“脍”指的是切得很细的肉丝或鱼片。当初，曾子的父亲曾皙很爱吃羊枣（一种黑枣）。曾子的父亲死后，曾子便不再碰羊枣了。

孟子的学生公孙丑对曾子的行为很不理解，于是向老师请教道：“老师，脍炙与羊枣，哪个味道更鲜美呢？”

孟子回答道：“当然是脍炙的味道更好。”

公孙丑接着问道：“曾子的父亲生前也很喜欢吃脍炙。如果是为了纪念他的父亲，那他干脆连脍炙也不要吃了，为什么只是不吃羊枣呢？”

孟子回答道：“脍炙是每个人都爱吃的，而羊枣却很少有人爱吃。就像我们避讳他人名字时，都是避讳名而非姓，因为姓氏是很多人都相同的，但名却是一个人独有的，是具有纪念意义的。曾参（曾子）便是通过羊枣，来纪念他的父亲。”公孙丑听完恍然大悟。

孟子的原话是“脍炙所同也，羊枣所独也”，后来，人们便从这句话引申出了“脍炙人口”这个成语，用来表示好的诗文受到人们的称赞。

鲜　新鲜的鱼

当我们第一眼看到“鲜”这个字时，都会被它的结构——左边是“鱼”字，右边是“羊”字——吸引。因为“鲜”字的确是个非常有趣的汉字，只有汉语才有，且在拼音文字中没有相对应的字眼。因此，“鲜”字可以说是最有中国味道的汉字了。

金文“鲜”字上面是一只羊，下面是一条鱼。小篆字形的“鲜”字从上下结构变成了左右结构，左边是鱼，右边是羊，这也与我们今天的汉字“鲜”十分接近了。

鲜字代表新鲜。很多人认为，这是因为羊与鱼一锅烩即为鲜，其实并非如此。《说文解字》上说：“鲜，鱼名。出貉国。从鱼，羴（膻的异体字）省声。”许慎把鲜字解释为一种鱼名，出产在貉国（古时指东北地区少数民族的一个邦国）。从羊的羊字，许慎以为是羴字的略写，用来当声符的。因此清代训诂学家段玉裁在《说文解字注》里面说：“按此乃鱼名。经传乃叚为新鱻（xiān）字，又叚为尟少字，而本义废矣。”意思是，鲜本来是鱼的名字，但后来被假借，取代了代表“新”的意思的“鱻”字和代表“少”的意思的“尟”字，本义反倒废弃了。

也就是说，代表新鲜之意的最初汉字其实是“鱻”字。

“鱻”字的金文字形很有趣，是上面两条，下面一条，三条垒起来的鱼。而小篆字体的三条鱼则有了明显的“鱼”字形状，而且变成了上面一条鱼，下面两条鱼。

鱼是古人最重要的肉食之一，而鱻则是指许多鱼堆积在一起的样子，原本是指新鲜的活鱼，后来就有了新鲜的意思。许慎在《说文解字·鱼部》中，对“鱻”的解释是“鱻，新鱼精也。从三鱼。不变鱼”。南唐训诂学家徐锴在下面注释说：“三，众也。众而不变，是鱻也。”很多鱼放在一起而不变质，那自然是新鲜的鱼了。

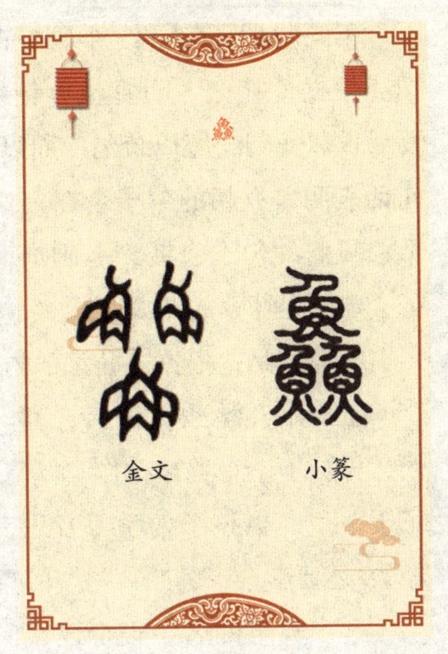

那么“鲜”字是在什么时候取代“鱻”字的呢？训诂学家们认为，是在汉朝。证据是，《周礼·𩵋人》上写：“辨鱼物为鱻薧。”东汉经学家郑众注解说：“鲜，生也。薧，乾也。”可见《周礼》成书的时候，表达鱼的新鲜还用“鱻”字，而在汉代作注解的时候，已经直接用“鲜”取代“鱻”了。

总之，“鲜”字是个很有趣的汉字，我们从这个汉字里，也可一窥先民的饮食风貌。

勺　往里面装一点儿酒食

勺子，一种我们经常用到的餐具。

很多人对“勺”的理解，就局限在上面这句话中。殊不知，“勺”字在古代并不单单指代汤匙，它还有非常深厚的文化内涵。

“勺”字的甲骨文字形是一个勺子的形状，这种勺子是先民最早使用的餐具——下面是便于手持的勺柄，中间是张开的勺口，左边短短的一竖，表示用勺子舀起来的东西。

“勺”字的金文字形很像我们今天用到的勺子，是横放的一把勺子，中间凹陷的部分里，有一个点表示舀起来的东西。

“勺”字的小篆字形略有变形，但我们仍然能看出是一把勺子的形状。

《说文解字》中，我们能看到“勺，挹（yì）取也。象形。中有实，与包同意”的解释。这里的“挹取”指的是舀，而这句话的意思是勺的最早用途是舀酒浆及其他液体。所以，我们能看出“勺”字实在是很形象了。

不同时期，勺子的外观与制式也不相同。根据《礼记·明堂位》记载：“其勺，夏后氏以龙勺，殷以疏勺，周以蒲勺。”这句话表明，夏朝的勺子会在勺柄上雕刻龙形；殷商的勺子会镂刻上画饰；周代的勺子会雕刻上蒲草的花纹。

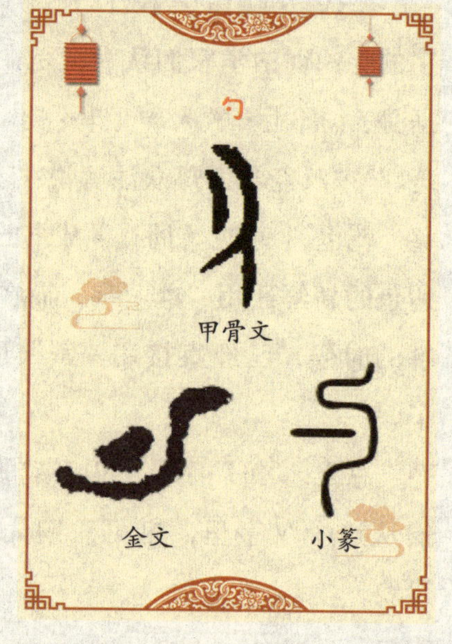

有趣的是，根据《礼记·内则》记载，“十有三年，学乐，诵诗，舞勺”。古时候，男孩子十三岁被称作“舞勺之年”。到了十三岁，男孩子要学习音乐，诵读《诗经》，还要学会一种叫“勺”的舞蹈。

这个舞蹈的名字很奇怪，但却是一种歌功颂德的乐舞。相传，《勺》是周公所作的乐舞，用来歌颂周武王的功绩。《汉书·礼乐志》中，也提到了“周公作勺，言能勺先祖之道也”的句子。在周公看来，勺子这种可以舀酒浆的餐具，也可以用来舀取先祖的功德。

从舀取功德的角度看，我们就很好理解为什么古人会将勺子作为祭礼的一种了。甲骨卜辞中，有“勺岁”“勺羊豕”“勺于上甲冓（gòu）雨”。后来，字的词义在进行分化后，“礿（yuè）”字才代替了“勺”字表祭祀名。

古代有春、夏、秋、冬四时之祭，《礼记·王制》中有规定：“天子诸侯宗庙之祭，春曰礿，夏曰禘（dì），秋曰尝，冬曰烝（zhēng）。”注解说“礿，薄也，春物未成，祭品鲜薄”。意思是，礿就是少，春天万物还未长成，所以祭品稀少。古人将“勺”作为小量单位的一种，表示少的意思。而春天出产的贡品少，所以用“礿（勺）”来表示正合适。

鼎　三足两耳的国之重器

许慎在《说文解字》中为“鼎”作出了这样的解释：“鼎，三足两耳，和五味之宝器也。昔禹收九牧之金，铸鼎荆山之下，入山林川泽，螭魅蝄蜽，莫能逢之，以协承天休。”

这句话有两层意思。第一层是“鼎，三足两耳，和五味之宝器也”，意思是说鼎这种三足两耳的器皿，最初是用来烹煮食物、调和五味的；第二层意思是“昔禹收九牧之金，铸鼎荆山之下，入山林川泽，螭魅蝄蜽，莫能逢之，以协承天休”，天休的意思是天赐洪福，这段话的意思是，昔日大禹铸鼎，将鼎放到山林川泽中可以辟邪。这时，“鼎”就从食器变成了法器。

既然大禹时期就已经铸鼎，那就意味着“鼎”字也存在于甲骨文中。“鼎”字的甲骨文字形与实物很像，也与我们今天见到的汉字“鼎”颇为神似。它的上面是鼎的两耳，中间是鼎的腹部（比较突出），下面是鼎的三足。到了金文时期，“鼎”字虽然看不出现代汉字“鼎”的影子，但却十分美观可爱。到了小篆时期，“鼎”字基本就是现在的汉字形象了。

当时，大禹将天下分成九州，并铸造了九个鼎。每个鼎上，分别镌刻了各州的名山大川。这九个鼎都集中存放在夏王朝的都城中。九鼎铸成之后，由夏朝传到商朝，又从商朝传到周朝，到了周朝末年，王室衰微，诸侯并起。楚庄王讨伐陆浑一路打到洛河，向前来劳军的王孙满问起鼎的重量。此时，九鼎变成了国家政权的象征，楚庄王问鼎，便是有意取周朝而代之。所以，后人又将图谋夺取政权的行为称作“问鼎”。

随着周朝灭亡，九鼎便从都城消失了。关于九鼎的下落，民间最多的说法是沉到了泗水中。可是，秦始皇亲自前往泗水打捞，却始终不见九鼎的踪影。不过，“鼎”字作为国家政权的代表意义，还是被汉字文化保留了下来。

时至今日，我们仍然能从“鼎”字中，看到古代社会等级制度的真实风貌。根据《周礼》的相关规定：天子用九鼎，诸侯用七鼎，大夫用五鼎，士用三鼎或一鼎。也就是说，天子吃饭可以用九鼎，诸侯吃饭可以用七鼎，大夫吃饭能用五鼎，士只能用三鼎或一鼎，每类人群需要按照自己的身份列鼎而食，这是万万不能僭越的。

三、汉字中的“衣食住行”——住

从久远的山洞、茅屋再到砖瓦房、高楼大厦，人们对房子的概念经历了从“居者忧其屋”到“居者有其屋”再到“居者优其屋”的巨大改变。先民们居住的时候，首先考虑的是房子的实用功能，然后再去考虑审美。因此早期房子的结构，一般是上居人，下面圈养家畜。

家 居住的地方

“家”字的甲骨文字形是个会意字，外框是宀（mián），但边框很长，像房子的侧视形，下面是豕（猪）。

《说文解字》对“宀”字的解读是“交覆深屋也”，而明末文人田艺衡则对“宀”字进一步解释为“古者穴居野处，未有宫室，先有宀，而后有穴。宀，当象上阜高凸，其下有冋，可藏身之形，故穴字从此。室家宫宁之制，皆因之”。

根据田艺衡的注解，我们可以看出宀是人类最早的藏身之所。而在藏身之所里豢养豕，便有了“家”的意思。

“家”字的金文字形，中间的字形更加明显。虽然有些学者认为，金文字形的“家”字中间是狗，但从这只动物垂尾的外形来看，更像是豕。到了小篆时期，我们今天所使用的“家”字就此定型了。

《说文解字》中对“家”的解释十分简单：“家，居也。”而《尔雅·释宫》则对“家”字进行了更精确的解读：“牖（yǒu）户之间谓之扆（yǐ），其内谓之家。”其中，“牖”指的是窗户，“扆”则是指古代庙堂户牖之间绣有斧形的屏风。这句话的意思是，屏风以内的地方称为家。《尔雅·释宫》的解释，与《说文解字》关于“宀”的解释相呼应。“家”一定是深屋，这样才能给人们安全感。

“家”作为居住的房屋，从而也就带上了安全、休息、保护之意。所以与“家”字相关的汉字也多带有相关意义。如“安”字，原意便是一个女人回到家里后坐了下来，表示安全之意；“室”字下面的“至”表示到达，也有止息之意，因此“室”便是休息之处；“宝”字的原意是家中有珍宝；“宿”字原意是一个人在家里席子上睡觉的样子，从而表示睡觉的意思；“宗”字像设有祖先牌位的房屋，从而表示祭祀祖先的场所；等等。

“家”里居住生活着一群人，从而又引申出家人、家庭、家族、家园、家国等，带有了社会和文化意义。

在中国的传统文化中，“家”是一个很重要的社会概念，因为我们的很多伦理道德、思想规范都是从“家”这个最小社会单位开始的。

“老吾老，以及人之老；幼吾幼，以及人之幼。”先敬爱自己家的老人，然后才会去敬爱别人家的老人；先呵护自己家的孩子，然后也会呵护别人家的孩子。

“古之欲明明德于天下者，先治其国。欲治其国者，先齐其家。欲齐其家者，先修其身。”先修身，次齐家，再治国，最后平天下。在“修齐治平”这个中国传统的伦理哲学和政治理论中，“家”有着承上启下不可替代的关键作用。

宅　盖新房之前，一定要先占卜

提到“宅”字，大部分人首先想到的都是“宅男”“宅女”以及日本的“宅文化”。这里虽然使用了“宅”字，但却将重点放在了“足不出户”，而非“家宅”上。其实，“宅”字是一个充满了神秘色彩的汉字，我们从它的甲骨文字形上便能一窥究竟。

与“家”字不同，“宅”字的甲骨文字形的外框是宀，但内部却是个变形的“乇（zhé）”字。为什么要把“乇”放到“宀”里呢？这个“乇”又是什么东西呢？

许慎在《说文解字》中，对“乇”字做了这样的解释：“乇，草叶也。从垂穗，上贯一，下有根。”在许慎看来，“乇”字是草萌芽钻出土地的样子，中间的一横代表了土地，下面弯曲的部分则是在土壤下的根部。

可是，为什么古人会将草叶放到宀（屋顶）下面呢？

原来，古人喜欢用草叶进行占卜，希望通过这种方式聆听神明的指示。最初，“宅”并不指代家，它指代的是专门听取神意的房屋，而“宅”字的“宀”，则代表祭祀祖先之灵的庙宇，也就是祖庙。

我们都知道，原始社会和封建社会的科技都不发达，当部落、国家遇到大事时，都会先通过占卜查看吉凶。所以，祭祀在古人的日常生活里是非常重要的事。比如在营建房屋前，人们一定会举行祭祀仪式。刘熙在《释名·释宫室》中说“宅，择也，言择吉处而营之也”。意思就是说，修建住宅的时候，一定要通过占卜、祭祀选择一个好的地方再去修建。

“宅”字下面的“乇”，应该具体指代“蓍（shī）草”。蓍草是一种多年生草本植物，古人认为蓍草的寿命有千年，视之为神物。在古代，代表长寿的蓍草与龟甲，都是人们常用的占卜工具。

后来，人们开始用聆听神意的“宅”来指代“家”了。而且，人们不仅用“宅”来指代阳宅，还用来指代阴宅（即墓穴）。《孝经·丧亲》篇中，便有“卜其宅兆，而安厝之”的句子。也就是说，在安葬亲人前，需要先占卜墓穴的吉凶，而后才能下葬。

总之，“宅”字是个充满神秘感的汉字，我们也通过它体会了一把古人安家的仪式感。

门　两扇对开的“门”

“门”的繁体字是“門”，“门”字的甲骨文字形、金文字形和小篆字形都与“门”字的繁体字形非常相像。

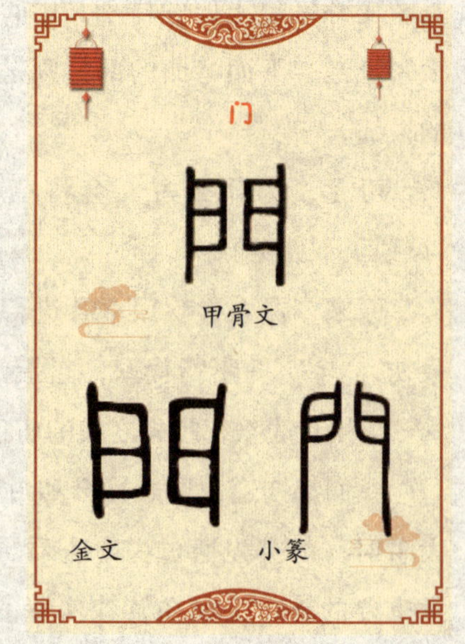

《说文解字》中，有“门，闻也。从二户，象形”的说法。而“門”字，则像有人用一根横木将门闩起来一般。《诗经·衡门》中，有“衡门之下，可以栖迟”的诗句，这里的“衡门”指的就是横木为门。而颜师古在为《汉书》做注时，则有“衡门，谓横一木于门上，贫者之所居也”的说法。

我们可以仔细观察“门”字的甲骨文字形，它就像两扇对开的门。而且，光看其中一侧，我们会发现“門”字的一半很像“户”字。中国自古便有“门户”的说法。虽然，简化后的“门”字已经看不出“户”的样子了，但不可否认，“门”与“户”之间的联系确实是十分紧密的。

南朝学者顾野王所著的《玉篇》中，曾对“门”字进行了这样的释义——“门，人所出入也。在堂房曰户，在区域曰门”。这里的“堂房”，指的就是住宅内的屋舍；而“区域”，指的则是整个住宅的范围。也就是说，住宅外面的叫“门”，住宅内部的叫“户”，由此，我们也可以看出“门”与“户”之间的紧密关系。

根据《礼记·月令》中的记载，“（季春之月）田猎、罝罘（jū fú）、罗罔、毕翳、餧（同“喂”）兽之药，毋出九门”。郑玄对“九门”进行了解释：“天子九门者，路门也，应门也，雉门也，库门也，皋门也，城门也，近郊门也，远郊门也，关门也。”据此，后人也将皇宫的宫门称作“九门”。

有趣的是，《礼记·祭法》中对各个阶级的祭祀做出了“天子七祀，诸侯五祀，大夫三祀，士二祀，庶人一祀”的规定。其中，大夫、士的所祀对象里面，有一种被称作“门祀”。郑玄为《礼记·月令》中的“（孟冬之月）天子乃祈来年于天宗，大割祠于公社及门闾，腊先祖五祀，劳农以休息之”作注，认为“五祀”就是门、户、中霤（liù）、灶和行。其中，“中霤”指的是室的中央。古人认为，室的中央是土神居住的地方。

人们通常选择在秋天进行门祀。班固就曾说过：“秋祭门，门以闭藏自固也，秋亦万物成熟，内备自守也。”所以，古人在秋天祀门，取的是“内备自守”的美好愿望。

井　四四方方的一口水井

数千年来，“井”字几乎没有任何变化，无论是甲骨文字形、金文字形，抑或是小篆字形，都是一口四四方方的水井的样子。不过，金文字形与小篆字形在“井”字中加了一点，用来表示井中的水。楷体字形出现后，“井”字又回归到了甲骨文字形，成了我们现在看到的样子。

许慎在《说文解字》中，关于“井”字的解释是“井，八家一井，象构韩形，罋（wèng）之象也。古者伯益初作井。凡井之属皆从井”。其中，“韩”指的是井口周围的木栅栏，“罋”是指汲水的工具。

这里的“八家一井”来源于我国古代的井田制。井田制是西周时期盛行的一种土地制度。这种制度并不是八户人家用一口井，而是以方圆九百亩为一个单位，划分成九个区域，这个形状就如同一个“井”字。

井田制的最中间是一百亩公田，周围八家各一百亩私田。井田制的意义，就是让八家共同供养公田，人们需要先把公田里的活儿干完了，才能去自己的私田干活。

事实上，很多与“井”相关的成语，都与井田制密切相关。比如“背井离乡”“井然有序”“井井有条”等。有趣的是，有学者认为，我们常说的“市井”一词指的就是人们在井田边进行商业活动。

不过，关于“市井”还有另一种说法。远古时期，神农氏发明了“市场”。“市场”与“井”都是民生发展的基础，所以“市井”就成了指代平民阶层的词语。

由于“井田制”的“井”划分得非常整齐，所以，“井”字又有了引申意义，为“条理”“法度”等。荀子曾有“井井兮其有理也”的说法，指的就是这个意思。

向　开在北墙上的窗户

提到“向”字，相信大家都会想到“方向”。其实，方向是“向”字最基本的意思。而且，早在两千多年前，先民就开始使用“向”字来表示方向了。

“向”字的甲骨文字形，上面是屋顶，两侧是墙壁，下面的“口”代表的是窗户，整体看起来就像在房屋墙上开窗户。“向”字的金文字形更加美观，而且，里面的“口”也更像窗户的形状。到了小篆时期，“向”字已经与现代简体字的“向”相差无几了。

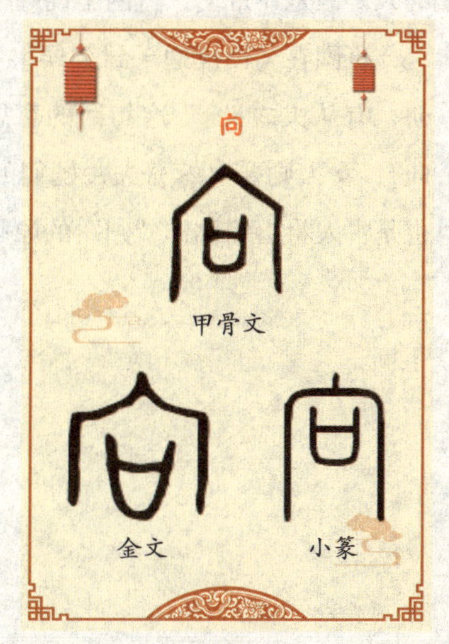

《说文解字》中，有“向，北出牖也”的解释。“北出牖”的意思，就是在北面开窗。清代学者段玉裁曾对“牖”字作了解释：“交窗者，以木横直为之，即今之窗也。在墙曰牖，在屋曰窗。”也就是说，“牖”专门指代在墙上的窗户，而“窗”字大多是指开在屋顶的天窗。

清代学者朱骏声曾说：“古宫室北墉（yōng）无户牖，民间或有之，命之曰向。”这里的北墉就是北墙。这句话的意思是说，古代房屋不会在北墙设门窗。不过，民间或许有在北墙上开窗的做法，这样的窗被命名为“向”。

《诗经·七月》篇中，也有“穹室熏鼠，塞向墐（jìn）户”的诗句。这里的“墐”指的是用泥土涂、塞，这句话的意思是冬天快要来了，人们需要赶紧堵上墙洞，这样就可以熏老鼠了。古人会在冬天来临之际，用泥土涂上墙缝。北墙上开窗的人家，需要将窗缝塞好，这样才能过冬。这里的“向”，也是指北墙上的窗户。

不过，也有一部分学者认为，“向”字中间的“口”指的是祭祀祷告用的礼器，或者迎接神明用的窗户。因为古代中国北方的大部分民居都只有一个窗户，人们喜欢将阳光的唯一来源与神联系在一起。

最有趣的是“向”字关于“内向”和“外向”的用法。

今天，我们用“内向”来形容沉默内敛的人，用“外向”形容活泼开朗的人。但是在古代，这两个词却完全不是现在我们看到的意思。

班固在《白虎通·封公侯》中写道：“以男生内向，有留家之义；女生外向，有从夫之义。”这句话的意思是男人的心是向着自己家的，所以称“内向”；女人则要出嫁从夫，她们的心是向着夫家的，所以称作“外向”。而这也是古人将出嫁称作“归”的原因。

四、汉字中的“衣食住行”——行

“行”字的本意是十字路口。在甲骨文和金文中“行”字都还不失十字路口的样子，到了小篆就全然不像十字路口了。许慎在《说文解字》里说“行”字是“人之步趋也，从彳（chì），从亍（chù）”，认为是“人们在路上走或小跑”。

出　从穴居之处往外走

“出”，一个我们经常用到的汉字，也是一个看上去极为简单的汉字。但根据汉字的规律，简单的汉字也会有丰富的内涵。“出”字就是这样，它不仅有着极其丰富的内涵，而且反映了古代婚姻制度。

我们看“出”字的甲骨文字形，这是一个会意字，且与现在的“出”字字形差别较大。这个字的下面是一个圆弧形的“凵”，代表古人居住的坎穴，中间的正上方是一只脚，表示离开。整个字表达的意思是，“人从自己居住的地方往外走”。

到了金文时期，“出”字的下部变得更像穴居之处，且这个穴居之处只有短短的一条曲线。而小篆时期，“出”字的上面发生了较大变化，成为“山”字，这也为楷书时期及现代汉字的“出”的“上下两座山”结构打下了基础。

许慎在《说文解字》中，对“出”字的解释是“出，进也。像草木益滋，上出达也”。他的意思是，“出”字就像草木生长的样子。虽然“出”字也可以用来表示草木出芽，但古人并不常用这个字义。在古代，“出”字更多是与婚姻制度有关。

《仪礼·丧服》中有规定：“期者，父在为母，妻，出妻之子为母。”这句话比较难理解，这里的“期”表示时间，指的是“服丧一年”。这句话说明了三种服丧的情况：母亲去世，父亲还在，子女要为母亲服丧一年；丈夫需要为去世的妻子服丧一年；儿子为被父亲休弃的生母服丧一年。但《丧服》又补充说：如果儿子成为父亲的继承人，那么他便不能为被父亲休弃的生母服丧。

这里的“出妻”指的便是被休掉的妻子。《孔子家语·本命解》中，孔子提到了“七出”一词：不顺父母者，无子者，淫僻者，嫉妒者，恶疾者，多口舌者，盗窃者。如果妻子出现这七种情况之一，那么丈夫就可以休掉妻子。其实，这是封建社会男权至上的陋习。

“出”字与婚姻制度有关的词还有“出阁”，出阁指的是女子出嫁。有趣的是，出阁其实是“出閤（hé）”的误写。“閤”字的意思是“内中小厅”，指的是屋里深处的房间，代指闺房。所以，《尔雅·释宫》上说“小闺谓之閤”，《史记·汲黯传》也有“卧闺閤不出”的记载。“阁”与“閤”是两个完全不同的字。误写的人多了，出阁反而取代了出閤，成了专门指代女子出嫁的词。

车　有轮子，有车厢

无论是古代还是现代，人们都习惯使用“车马”一词。为什么中国人喜欢将“车”与“马”联系在一起呢？因为古代没有发动机，车只能靠马、牛等拉动。

比如《诗经·山有枢》中便有“子有车马，弗驰弗驱”的句子。这句话的意思便是“您既然有车又有马，为何却不乘也不骑呢”;《周易·系辞》中，在记载黄帝时期的技术成果时提到“服牛乘马”，可见除马车外，牛车也是经常使用的。不过，牛车大多是驮运货物，而马车则是坐人的，所以人们更愿意使用“车马”而非“车牛”来指代交通工具。

“车”字的甲骨文字形十分有趣，就像一个有两条轮胎的车子。到了后期，“车”字演变得更加形象，下面是两个轮子，上面则是一个车厢。“车”字的金文字形横过来看，在两条轮胎的前端，是车辕前的横木。这段横木叫作“衡”，是架在牛马颈上用来拉车的。到了小篆之后，“车”字已经完全看不出形象了。

《说文解字》中，给“车”的定义是“车，舆轮之总名”。一辆车中，最引人注目的当属车厢了。古时候，人们将车厢称作“舆”。“舆”通常较大，里面可以坐人，也可以乘物。因为“舆”字像四只手抬轿的样子，所以，“舆”字又可引申为人数众多之意。比如我们今天说的“舆论”，就是由此引申出来的。而且，周朝时期，人们将造车的工匠称作“舆人”，可见人们对“舆”的重视程度。

《周礼·考工记》中，有非常详细的造车方法，而且，车的种类也分得非常详细。总的来说，古人将车分成“两辕”车和“一辀”车两类，又将“两辕”车分为大车（在平地行走的车）、柏车（在山地行走的大车）、羊车（指装饰精美的大车）”;“一辀”车分为田车（打猎用）、兵车（战车）、乘车（贵妇人或年岁大的高级官员所坐的车）。值得一提的是，“两辕”车都是用牛来拉的，而“一辆”车则是用马。

有趣的是，在《左传》中有一个描写“唇亡齿寒”的故事，其实“唇亡齿寒”前面还有一个词是“辅车相依”。这里的“辅”指的是颊骨，而“车”则是指牙床。在古人看来，牙床上长满了牙，就像车上装满了东西一样，故而有这样的比喻。辅车相依的意思是像颊骨与牙床相互依存，形容关系密切，这与“唇亡齿寒”的意义是一样的。

徒　用双脚行走

若要说有趣的汉字，“徒”字绝对算得上一个。古时候，“徒”字的字义很多，直到今天，仍然有不少字义是我们还在使用的。

“徒”的甲骨文字形是一个形声字，从止，土声。“徒”字的上部是土，旁边扬起的两点代表走路时扬起的尘土，下部是人的脚。三者相合，正像脚踏土上，尘土飞扬的样子。

到了金文时期，“徒”字的字形变成了左右结构，改“止”为“辵（chuò）”，成为从辵，土声。辵也是行走的意思，形容忽走忽停或者奔走的样子。“徒”的战国文字和小篆字形也都是从辵，土声，只是“辵”字的形状有所不同而已。到了隶书和楷书，就将“辵”字分解成了“彳”“止”，并将“止”放到了“土”的下面演变成“走”，最后形成了现在的“徒”字。

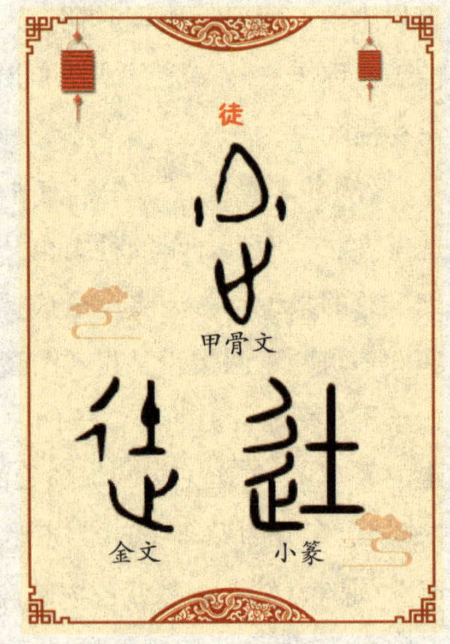

《说文解字》中有“徒，步行也”的解释，这也是“徒”字的基本意义。正如《诗经·黍苗》中描述的那样，“我徒我御，

我师我旅”。这里的“徒”指的就是步行。

在今天，不管是谁，只要是走路，便统称为“徒步”。可在古代，王公贵族是一定要跟平民百姓区别开的。“徒步”是平民专用的代称，因为平民没有车，出门只能靠双脚。

汉武帝时期的大臣公孙弘，年轻的时候非常贫困，七十多岁才被汉武帝拜相封侯。公孙弘曾说自己“起徒步”，意思就是自己出身寒微。

既然“徒步”指的是那些没有车坐的人，那步兵也同样算“徒步”。《左传·昭公二十五年》有“帅徒以往”，其中的“徒”就是指步兵。既然步兵被称作“徒”，那“徒”字也就可以引申为“人数众多”。而且，步兵又是一个特定人群，所以“徒”字又引申出了“同一派别的人”。今天，我们说的教徒、匪徒、僧徒、赌徒等，就是从这里引申出来的。

《周礼》中有规定：“凡害人者，弗使冠饰而加明刑焉，任之以事而收教之。能改者，上罪三年而舍，中罪二年而舍，下罪一年而舍，其不能改而出圜土者，杀。虽出，三年不齿。凡圜土之刑人也，不亏体，其罚人也，不亏财。”这段话便是我们今日所说的“徒刑”的来源。在我国古代徒刑是一种刑罚，人们会剥夺罪犯的自由，并让他们进行强制性劳动。徒刑始于商朝，因为罪犯只能徒步劳动，所以有“徒刑”之说。

除了上述含义外，“徒”字还引申出了“空”的字义，因为“徒步”是不借助任何工具而行走。在有了“空”的字义后，“徒”字又被人们拿来当副词使用。我们说的“徒慕君之高义”“老大徒伤悲”中，“徒”字就是这一用法。

步　一步，两步，往前走

提到“步”字，相信人们第一反应都是“一步两步”“脚步”“跑步”等词。古人造字，每个字都非常形象生动。作为先民最早使用的汉字之一，“步”字的字形可以说是精确到让人无法想象。

“步”字的甲骨文字形是上下结构，而且上下两个图案一致，但方向却相反的（这样能表示一只是左脚，一只是右脚）——但是，有些表示“步”字的甲骨文字形，上下结构的两个图案是完全一样的，看上去就像有两只左脚——“步”字的上部一撇，表示人脚上的大脚趾，而它要表达的意思，就是人用脚一步一步地往前走。

到了金文时期，人们开始将脚掌涂成实心的，看上去很有童趣，就像儿童的两只小胖脚。而“步”字的小篆字形则很难看出脚掌或脚印的形状。它虽然也是上下结构，但上下两个符号都定型成了“止”。后来，“步”字演变成上部为“止”，下部为“少（tà）”，最后才逐渐变形成我们今天看到的样子。

《说文解字》中关于“步”字的解释是“步，行也”，也就是说，“步”字代表了两只脚一前一后行走的样子。古人造字的精细，其实从这里就能体现出来了。一定要两只脚都迈出去才能叫“步”。

有人会问，两只脚都迈出去才能叫“步”，那只迈出一只脚叫什么呢？答案是“跬（kuǐ）”。我们都听过“不积跬步，无以至千里”，这里“跬”就是指半步。所以，严格来说，我们今天所说的俗语“一步一个脚印”其实是错误的，它的正确说法应该是“一跬一个脚印”，或者“一步两个脚印”才对。

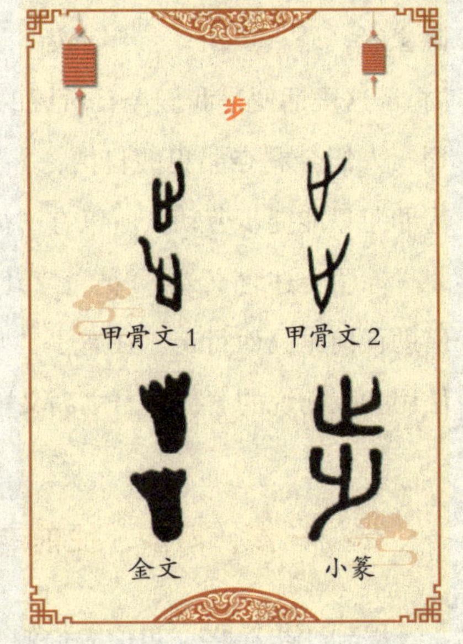

在我国古代，如果我们要去别人家做客，那需要讲究的礼节就多了。比如在上楼梯时，就有“拾（shè）级而上”的说法。

《礼记·曲礼上》中记载了这样一句话：“主人与客让登，主人先登，客从之，拾级聚足，连步以上。”这里的“让”，指的是主人与客人相互揖让，而“拾级聚足，连步以上”，指的则是

“前脚登上一级台阶，后脚也跟着登上同一级台阶，两只脚要并列站在同一级台阶上，如此一阶一阶地往上登”。所以，古装剧里那些大步流星地登上台阶之人，若是放到古代，就要被人耻笑不讲礼仪了。

休　人在树荫下乘凉

“休”字引申义十分丰富，但它的本意却很简单。早在远古时期，人们便用“休”来表示休息，这点从“休”字的甲骨文字形中便能一窥一二。

“休”字的甲骨文字形是个会意字，右边是一棵大树，左边则是背靠着树休息的人。“休”字的金文字形，则更加形象地描述了人靠着大树休息的样子。后期的小篆字形，与甲骨文、金文相比，变化不太大。

《说文解字》中，“休”字有“休，息止也，从人依木”的解释。而唐代的字书《五经文字》中，也有“休，像人息木阴”的说法。意思是“休”字，便是取人在树荫下休息的意思。《诗经·汉广》中有“南有乔木，不可休思”的句子，意思是南方有一种高大的树木，但是这种树木树冠高、树荫少，人们无法在树下休息。

从“休”字，我们可以引申出很多意义。既然“休”字的本意是休息，那么，停止的意义就可以由此引申而来了，由停止又可引申为离弃（妻子）、辞去（官职）等。更有趣的是，古人认为，人们在“休息”的时候是非常快乐悠闲的，所以，“休”字又引申出了“吉祥”“喜悦”“悠闲”等美好义项。

《周易·大有》中有“君子以遏恶扬

善，顺天休命”的句子，这句话的意思是君子应遏止恶行、宣扬善行，以顺应天道、求得美好的命运。这里“休”即为美善之意。《诗经·菁菁者莪》中，也有“既见君子，我心则休”的句子。这句话的意思，可不是说“见到君子，我心便死了”，而是说“见到君子，我心中十分喜悦”。这里的“休”字与“休戚与共”的“休”字同义，指喜悦。

值得一提的是，古人管休假制度称作“休沐”。“沐”字在古代是洗头发的意思，而“休沐”则是“放假回家休息，洗洗头发”的意思。

其实，我们现在的“五日工作制”（古代不施行双休日）早在汉朝就已经开始施行了。根据《汉律》记载：“吏五日得一休沐。”这句话的意思是工作五天后，可以回家休息一天，并整理一下个人卫生。

这种“休沐”制度一直延续到唐朝才改为“十日休沐”。到了宋朝，休沐时间变多，平均三四天就可以休息一次。可明清时期休沐时间变得更少，但仍比元朝时期休沐时间多。

除了休沐制度，古代还有退休制度。“退休”看似是个新词，但实际上，早在唐朝时期，就已经出现了退休规定。韩愈在《复志赋序》中，提到了“退休于居，作《复志赋》”的句子，其中的“退休”，便跟我们今日所说的退休意思相同了。